书中蝴蝶

中国当代藏书票

万树桃花月满天 人物风华

——沈泓 著

金城出版社
GOLD WALL PRESS

天津教育出版社

前　言

　　藏书票是贴在书的扉页或夹在书中表明藏书主人的标识，如用一句更简洁的话表述，藏书票就是代表藏书主人的标识。

　　艺术家通常采用木版、铜版、丝网版、石版等版画形式，创作各种美术图案的藏书票，署上"某某藏书""某某之书""某某爱书""某某珍藏"等字样，并印上国际通用的藏书票标志"Ex Libris"。作为小版画或微型版画，藏书票以其小巧玲珑、精美雅致的艺术性，被誉为"书中蝴蝶""纸上宝石""书中精灵""版画珍珠"等。

　　已故藏书票艺术大师杨可扬在《可扬藏书票》（上海人民美术出版社1994年版）一书中，从艺术家的角度概括藏书票："藏书票是外来的艺术形式，是实用与审美结合、图像与文字并重的一种特殊艺术品；同时，藏书票属于小版画或微型版画的范畴，幅面不大，但小而精，有自己灵活多样的形式，更有精深丰富的内涵，方寸之间天地广阔。它是供读书、爱书、藏书者使用的一种标志，也是书籍的一种美化装饰。"

　　杨可扬的这段话说明了藏书票的特点、形式和功能。

　　藏书票的构成有三个基本要素，一是图画，二是要有"Ex Libris"拉丁文标志，三是要有票主姓名，即"XX藏书""XX书票""XX的书"等。根据国际藏书票参展参赛要求，藏书票必须标明"Ex Libris"一词，有时还要标明"XX藏书"。

　　藏书票的功能是表明书的主人，在功能上，藏书票和古代藏书章一样，只不过藏书章是盖在书上，藏书票是粘贴在扉页或夹在书中。它们皆为藏书的标志，均表明藏书的主人。

藏书票从20世纪初在中国出现，20世纪80年代在中国兴起，20世纪末至今蓬勃发展，得到越来越多读书人的青睐，也受到众多藏家的追捧。

藏书票的收藏价值首先是由其艺术价值决定的，每一张藏书票都是一幅画，富有隽永的艺术魅力；其次，藏书票题材广泛，内容丰富，包罗万象，蕴涵丰富；再次，藏书票是艺术家亲手刻印的版画原作，印量极少，一般只印10张到100张，多亦不过200张，物以稀为贵。此外，藏书票票幅小，犹如一张邮票小型张，易于收集，易于保存，因此越来越多的收藏爱好者视其为收藏珍品。

作为舶来品，藏书票在中国只有大约110年的历史，经受战乱、时局等影响，只有极少数版画艺术家和知识分子接触过藏书票，直到改革开放以后，藏书票才枯木逢春，逐渐复苏并迅速发展。

由于藏书票是新生事物，一切都在探索和发展中，很多方面都没有形成定式。如藏书票的命名就没有一定之规，即使同一个作者对同一张图，也常有两种命名。通常情况下藏书票的命名有三种方式：以票主命名，如"XX藏书"；以画面主题或题材命名，如"仙人掌"；作者自己写了题名。原则上一般首选作者写的题名，但为保持藏书票命名的统一，本书中的藏书票主要采用票主命名的方式，创作年份不详的不标注。

藏书票是一个珍珠闪烁、宝石耀眼、蝴蝶翩飞、五彩缤纷的世界，愿"书中蝴蝶：中国当代藏书票"丛书带您走进这个绚丽而神奇的世界。

目录 | CONTENTS

　　名人风华，风流倜傥。明代唐寅《把酒对月歌》："李白能诗复能酒，我今百杯复千首。我愧虽无李白才，料应月不嫌我丑。我也不登天子船，我也不上长安眠。姑苏城外一茅屋，万树桃花月满天。"何等的豪情万丈，俊逸潇洒！无论唐朝的李白，还是明代的唐寅，都是真名士，自风流。

　　人们崇拜名人，不仅是因为名人的成就，更因为名人有名人的气质和风骨，当代藏书票艺术家们刻画的名人，不仅外形面貌栩栩如生，艺术家更注重名人的精神世界。作品不仅描摹了名人的生活状况，更呈现出名人的精彩瞬间。在动感中表现名人，深掘名人的思想境界，是当代艺术家创作名人藏书票的制高点。

杨可扬：删繁就简

杨可扬1999年创作了一张《北大藏书》藏书票，是为纪念"五四"运动80周年而作。

这张藏书票没有表现"五四"青年运动游行抗议的火热激烈场面，而是选取一个人物——革命家和教育家蔡元培的半身像，展示"五四"青年运动，取材删繁就简的能力非凡。

清癯的面庞上充满了忧国忧民的愁容，哀隐的眼神中充满了探求的坚定，宽阔的额头上写满了智慧。

明亮的额头和脸庞下部浓重的黑色形成鲜明的对比。

沉沉如铁的夜幕笼罩着中华大地，阴刻的"'五四'运动80周年"如明亮的火炬，照亮了黑暗的旧中国。

"北大藏书"的底色是深红色，与沉重的黑色形成鲜明的对照。

红色和黑色在一起，显得分外鲜艳，如火焰，又如烈士的鲜血……

正是红色，引领着中国走出了黑暗。

◆ 北大藏书

杨可扬1999年作

陆放：鬓边红花似火

现实中的三毛肯定没有如此美艳，我们印象中的那个跋涉在撒哈拉沙漠上的三毛是粗粝的，狂放的。三毛描绘的世界风靡于20世纪80年代，是一代青年的美丽梦幻。

水印木刻《三毛藏书》藏书票主要采用红色和绿色，冷色和暖色交织，表现了三毛冷艳的一面和热烈的一面。冷热对立的两种性格集中在一个人身上。不知陆放将三毛的脸庞处理为红色的时候是否曾有预感：红颜薄命。

陆放创作这张藏书票时三毛尚在人间，一个是知名画家，一个是知名流浪作家，艺术的血脉相通相连。陆放在西子湖畔接待过三毛，交谈甚洽。

在淡雅纯朴的绿色之上，鬓边的红花红得像火，红得像血。

◆ 三毛藏书

陆放1989年作

陆放创作的《巴金藏书》，与杨可扬的《巴金珍藏》截然不同。杨可扬纯粹写实，陆放则采用夸张变形的手法，他创造出的巴金形象既有脸谱特点，又有寿星的风貌，高大的脑门象征着世纪老人的智慧，长寿眉下的一双圆溜溜的眼睛，似乎穿透历史烟云，洞悉世间万物，看破人世纷纭，拷问人性，直抵心灵。

这张藏书票是1989年创作的，巴金到过杭州，有人委托陆放创作一张巴金藏书票，巴金是陆放尊敬的作家，他欣然接受。创作这张藏书票时，陆放颇费心思。通常，名人藏书票都是以名人肖像入画，固然，以巴金肖像入画，他也能很好地刻画出巴金神形兼备的形象，然而，这是大多数画家都会选择的角度，陆放在艺术创作上总是想要独辟蹊径。

当时，巴金已85岁高寿，读者都希望这位人民作家长寿，陆放灵机一动，有了！以寿星入画，有贺寿祝寿之美意！

陆放创作这张寿星藏书票16年后，巴金于2005年10月17日辞世，享年101岁，被称为世纪老人，是真正的寿星。

◆ 巴金藏书

陆放1989年作

这是陆放为美国马里兰美术学院院长弗雷德·拉扎勒斯创作的藏书票，也是以夸张的手法，突出人物的眼睛和下巴，一下子就抓住了人物的形貌和神韵。

1988年，美国马里兰美术学院的老师到中央美院进行艺术交流，在北京住了一段时间后，到杭州拜访陆放，欣赏陆放的版画。学院的老师觉得陆放炉火纯青的水印技法十分神奇，表示欢迎陆放到马里兰美术学院讲授木版水印。

陆放当时没有在意，以为这不过是一句客套话。不料，这位老师回美国后，对马里兰美术学院院长弗雷德·拉扎勒斯兴奋地介绍了陆放的版画，弗雷德·拉扎勒斯观看陆放的水印木刻版画图片后，正式向陆放发出邀请。

出于各种原因陆放不能出国赴美，此后，陆放已经淡忘了此事，但马里兰美术学院始终没有忘记陆放。1993年，陆放在巴黎艺术城再次收到马里兰美术学院来函，仍是邀请他去讲授木版水印。陆放在巴黎有半年艺术活动安排，暂时无暇赴美。对方追问他什么时候来，陆放回答："等我一年后退休了，以个人名义访美。"

1994年，陆放退休后，兑现了诺言。马里兰美术学院经过6年的苦苦等待，终于等来了陆放到该校讲授中国木版水印技法。在此过程中，陆放和马里兰美术学院院长弗雷德·拉扎勒斯进行了深入的艺术探讨，艺术让两人心有

◆ 弗雷德·拉扎勒斯

陆放1989年作

灵犀，这张藏书票就是陆放在此期间创作的。

小小藏书票，见证了6年艰难而美好的中美艺术交流，也承载着这段酝酿了6年的跨国艺缘。

平和而朴实，宽阔的额头闪烁智慧的光芒。陆放2013年刻画的作家莫言，中国第一个诺贝尔文学奖获得者，不拔高，不虚饰，以最单纯的黑白木刻，呈现出一个本色的莫言，一个真实的莫言。

鼻梁上的大眼镜增添了学者型画家的风度，镜片后目光深邃，表现出对万物的洞察力和对美的感知力。紧抿的嘴唇是对艺术的执着与坚毅，额上的皱纹和头上的白发，显示出陆放老矣。平和的面容，感性与理性交织，让这张黑白木刻陆放自画像有一种淡泊之美。

留白制造的逆光，使肖像更具立体感；密集细纹斜向奏刀，优雅的黑白渐变通向岁月的幽邃。

◆ 莫言之书　　　　　　　　　◆ 陆放藏之

陆放2013年作　　　　　　　　陆放2010年作

陈柏坚：气质跃然纸上

《王云爱书》——一个世纪的文学风景！

这张藏书票以那张著名的"张看"照片为创作素材，但又不是简单的复制，而是在升华和提炼中成功地进行了再创造。

矜持抿紧的嘴唇，睥睨万物而又略带怜悯的眼神，欣悦、自信的神态，画家以简洁的艺术语言，使人物个性和精神气质跃然纸上，刀法简练爽劲，黑白对比强烈。

◆ **王云爱书**

陈柏坚作

陈柏坚创作的《歌王帕瓦罗蒂》藏书票有两幅，角度不同，风格也有所差异，但都捕捉到了世界歌王放声歌唱的瞬间表情，生动有力地刻画了歌王形象。

略带夸张变形的构图，高度提炼概括出人物的形与神。

选取瞬间神态，将人物置于最富有激情的情景中加以典型化表现，突出了人物的精神气质，给人以深刻印象，这是陈柏坚名人肖像的成功经验。

◆ 歌王帕瓦罗蒂（一）　　　◆ 歌王帕瓦罗蒂（二）

陈柏坚作　　　　　　　　陈柏坚作

　　陈柏坚藏书票中的鲁迅肖像，用刀大气，线条有力，一气呵成，人物神态生动自然，完美表现了鲁迅复杂的性格。

　　陈柏坚的藏书票艺术成就主要表现在人物的肖像特写上。

◆ 鲁迅像

陈柏坚作

张嵩祖：拔地苍松有远声

张嵩祖创作过多张鲁迅藏书票，笔者所见所知的就有4张，这里刊出2张，创作于1987年11月。

1997年初，上海《劳动报》为振兴中华读书活动15周年选择纪念品，找到邵黎阳商量合作，策划了"中国文化名人肖像藏书票系列"，张嵩祖认领了第一套"中国现代文学家"中的两位，一位是叶圣陶，还有一位就是鲁迅。

◆ 鲁迅（一）

◆ 鲁迅（二）

张嵩祖1987年作

张嵩祖1987年作

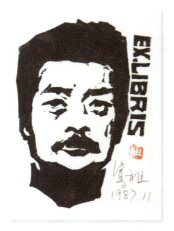

　　同样，两张《安忆藏书》藏书票，也是采取背景衬托肖像，背景抒情叙事，脸庞呈现时光映象。一张表现王安忆青年时期的肖像，一张表现王安忆中老年时期的肖像。这两张藏书票分别创作于2009年8月和9月，是时任上海图书馆文化名人手稿馆副馆长、藏书票收藏家——黄显功邀请张嵩祖创作的。回忆创作经过，张嵩祖对我说："通常，我创作肖像藏书票都要和票主见面，通过交流观察票主的神情和面貌特征，然后才创作。黄显功约了几次王安忆，都没有约到，她太忙了。于是，我到书店买了两本王安忆的书，其中一本书上有一张她年轻时在绍兴的照片，我根据这张照片，创作了以绍兴的湖为背景的青年王安忆藏书票……"

　　听张嵩祖说起来轻松，背后的付出却绝不仅仅是到书店买了两本王安忆的书。张嵩祖收集了有关王安忆的资料，研究王安忆的性格和生平，阅读她的散文和小说。

　　刻画这位南京出生，上海长大，在安徽度过青春时代的上海女作家，张嵩祖没有选择南京，也没有选择上海和安徽作为肖像背景，而是选取绍兴的湖和桥作为背景，不仅因为湖水具有似水流年的意味，更因王安忆的妈妈茹志鹃及祖上都是绍兴人。在王安忆的心目中，绍兴就是她的根，绍兴的湖和桥，连缀着她的文学生命。

◆ 安忆藏书·青年王安忆

张嵩祖2009年9月作

后来，黄显功将这张藏书票转交王安忆，王安忆看到后非常满意，在这张藏书票左下部亲笔签名，并写了签名的日期："2012年7月27日"。

两张藏书票表现了王安忆不同时期的性格特征和风采，青年王安忆肖像棱角分明，意气风发，凝眸沉思的内敛神情中隐隐有一种睥睨万物、豪气洒脱的气质；中老年王安忆肖像面容圆润，目光淡定，神态平和，有一种年月积淀的沉着。

两张王安忆藏书票，表现了张嵩祖在技法上不断探索，寻求变化和提高。谈到这张中老年王安忆藏书票的妙处，邵黎阳作了非常专业的解读："低侧面光以鼻梁为中线，左右两分明暗。很出新的是，暗面采用了疏朗的平行斜线，表现背光中的面部结构，线的微妙变化很有表现力。这些完全属于简洁的版画语言，效果别致，很难想象其他画种能有这样巧妙的效果。"

虽然张嵩祖没有和王安忆见面，但他凭借深厚的艺术涵养、娴熟的木刻技术，和对人物、经历以及性格特征的深入研究，为我们留下了两张《安忆藏书》经典藏书票作品。

◆ 安忆藏书·老年王安忆

张嵩祖2009年8月作

　　张漾兮是新兴版画运动的干将，曾任中国美术家协会浙江分会副主席，是中央美术学院华东分院版画系奠基人。1954年创办美院版画系，全系1—3年级共25人，作为一名学生，张嵩祖深深感受到系主任张漾兮在生活、学习和思想上的关爱，就像一位"慈祥的爸爸"。

　　张嵩祖毕业后被分配到山东艺专任教，张漾兮特意嘱咐他："教学与创作都重要，版画创作贵在坚持。"在《张漾兮百年纪念》中，张嵩祖深情刻画出了张漾兮老师的温厚长者形象。

◆ 张漾兮百年纪念

张嵩祖2012年12月作

　　著名版画家赵延年1957年从上海调入杭州美院，成为张嵩祖的老师。谈到赵延年，张嵩祖充满感情，他说："我和几位同学在版画上有今天的成就，与赵延年老师的严格要求是分不开的。赵延年老师要求我们创作每一幅作品都要先画草图，搞出小构图，他根据这些小构图一张张进行指导。"当年，张嵩祖创作的《通向幸福》的木刻组画，就是先有小构图，在赵延年老师的指导下完成，赵延年老师还兴奋地与他在作品前合影留念。

　　张嵩祖说赵延年老师的教诲对他后来的创作起到了很大作用，每创作一张版画，甚至一张小小的藏书票，他都要反复勾画草图，不厌其烦地构思、比较，优中选优，在重组中提升作品的造型和意境。

　　带着对老师的感恩之心，张嵩祖于2012年5月创作了《延年藏书》，深得赵延年的喜爱，并专门为这张藏书票题字："技高艺精，刀刀见真情。"

◆ 延年藏书

张嵩祖2012年5月作

谈到他的同学陆放，张嵩祖兴奋起来："陆放的每一幅水印木刻，至今仍然坚持当年赵先生要我们多搞小构图的习惯，并将成熟的小构图用画框装裱起来，挂在画室自勉。每次我到杭州，都要到他的画室，看到这些小构图，会感慨赵延年先生当年对我们的严格要求使人获益良多……"

2008年，在陆放的画室，张嵩祖在一本画册中看到了陆放的一张小照片，张嵩祖很喜欢这张照片，当即要了一张，回到上海家中后，以这张照片为蓝图，创作了《陆放藏书》藏书票。

这张肖像藏书票以西湖为背景，远处是孤山，孤山上耸立华严经塔，诗意地表现出"西湖陆"的生活和艺术环境，淡淡的背景衬托出浓重墨色的陆放肖像，将才华横溢、富有灵性的艺术家陆放表现得凝重而大气。

当年，陆放回家乡昆山举办展览，上海的几位版画界朋友赶去祝贺。张嵩祖将《陆放藏书》适时相赠，陆放欣喜不已，在场的人也都叫好。亲临现场的邵黎阳说："嵩祖先生很谦虚，只有熟悉陆放的人，才能将他刻画得如此惟妙惟肖。"

◆ **陆放藏书**

张嵩祖2008年作

张嵩祖在学生时期就喜爱黄永玉先生的《纳凉》《生命的疲乏》《苗舞》等木刻作品，并记住了黄永玉的名字，此后的《阿诗玛》更让张嵩祖赞叹黄先生所体现的中国诗韵风格。一次，在上海美展的会场上，他看到了杨可扬、邵克萍和黄永玉亲切交谈的情景，这让张嵩祖萌生了刻一张永玉书票的念头。

正巧，凤凰卫视专访黄永玉，黄永玉手夹一根香烟侃侃而谈，这个画面吸引了张嵩祖，他随手拍摄了一张黄永玉的照片。根据这张照片，加上多次和黄永玉见面积累的印象，张嵩祖在2009年10月创作了《永玉藏书》。

画面上的黄永玉老人斜倚着身子，面容庄重，目光炯炯，似在倾听什么，又似在思考什么，手中香烟缭绕，历史变迁在一个世纪老人眼前，不过是过眼云烟。《永玉藏书》不仅真实准确表现了黄永玉的惯常动作和姿态，惟妙惟肖地刻画出了这个倔老头的个性特征，更通过一个艺术家的肖像，表现出了鲜明的时代感和厚重的历史感。

◆ 永玉藏书

张嵩祖2009年作

创作《艺谋藏书》这张藏书票时，张嵩祖已经88岁了，但仍宝刀不老，人物脸上的每一丝线条依然是那么劲挺犀利，阴刻和阳刻之间的过渡和转换依然不露痕迹、游刃有余。

2005年1月，张嵩祖应上海图书馆之邀，创作了《柏杨藏书》。

这张藏书票缘起于2003年，当时上海图书馆与柏杨、张香华取得联系，希望两位作家捐赠作品手稿予该馆的"中国文化名人手稿馆"典藏，柏杨、张香华欣然应允。2005年5月，张香华赴上海捐赠她和柏杨的手稿。为表示对两位作家的感谢，上海图书馆特别筹划柏杨作品及张香华作品限定版藏书票发行签名活动。其中精致古朴的《柏杨藏书》肖像藏书票，正是张嵩祖的作品。

2010年，人民出版社出版发行《柏杨全集》，张嵩祖又应邀制作了200张柏杨肖像藏书票，这些藏书票均被读者珍藏。

◆ 艺谋藏书　　　　　　　　◆ 柏杨藏书

张嵩祖2021年作　　　　　　张嵩祖2005年作

一丝丝一缕缕的头发，显示出诗人白桦飘逸的神采，脸上细致的纹路记录了岁月的沧桑。然而他坦荡地微笑着，在黑暗的日子里，他寻找着光明，在光明的日子里，他思考着黑夜。

张嵩祖以木刻中的黑白对比，捕捉到了诗人白桦的外形和内质，并传达出了人物的沧桑感。

张嵩祖在2005年创作的这张《白桦藏书（二）》仅仅刻画了一棵白桦树。谈到这张藏书票，张嵩祖回忆说："此前我已刻了几张《白桦藏书》，一天，白桦要我刻一张白桦树藏书票，我苦苦构思，感到只画一棵孤独的白桦树，很难，我想到了李白'对影成三人'的诗句，在白桦树中画了月亮和树的倒影。这张藏书票交给白桦，白桦说不要月亮和倒影，只要白桦树。于是我重新构思，为了避免单调，将树刻在画面左边，用'白桦藏书'文字作陪，采取阴刻和阳刻交织的手法。"

这张藏书票交给白桦后，白桦满意地挥笔题写了一句诗："黄叶落尽又一春。"张嵩祖说："白桦的这句诗将我的作品升华了，我理解了他为什么要我只刻一棵树。"

◆ 白桦藏书（一）　　　◆ 白桦藏书（二）

张嵩祖1996年作　　　　张嵩祖2005年作

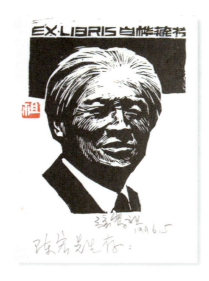

4年后，2009年11月，张嵩祖又创作了一张《白桦藏书（三）》，刻了一棵白桦树，也刻了白桦的肖像。该作采用灰调部分统一横向奏刀的新形式，营造线的细小变化。邵黎阳评论："他刻过好几次白桦，这幅最好。"

张嵩祖将这幅藏书票送给白桦后，白桦非常满意，题写了一句"叹息也有风暴般回声"。

讲述为白桦创作藏书票的故事，张嵩祖感慨地说："藏书票不仅仅是小版画，也是艺术家和作家思想交流的纽带，还包括两个人友情的发展变化，在方寸之间，体现了藏书票艺术家和作家之间的感情。"2017年7月笔者和张嵩祖通电话时，他仍在为白桦的诗集配木刻插图。他还常常去白桦家中，与坐在轮椅上的白桦讨论插图画面。

◆ 白桦藏书（三）

张嵩祖2009年作

2007年帕瓦罗蒂谢世，2008年4月，张嵩祖创作了《帕瓦罗蒂》藏书票作为纪念。

这张藏书票受到艺术界的高度评价，其中邵黎阳的论述最为精当："刻时刀疏刀密、或轻或重心中非常有数，灰调在其中起着决定性作用。运刀技法不仅把这位歌唱家引吭高歌的情绪刻画得十分生动，连面部的皮肤和肌肉的质感都得到了很好的表现。这种由三棱刀刻痕营造的精彩灰调，已成为嵩祖先生肖像藏书票最鲜明的标牌。"

据邵黎阳介绍，张嵩祖自己也很喜欢这件作品，在新落成的上海国家会展中心办藏书票展览时，张嵩祖选用了这件作品。邵黎阳还曾得到过用这件作品印制的T恤衫。

张嵩祖的这张《帕瓦罗蒂》与香港藏书票艺术家陈柏坚创作的《歌王帕瓦罗蒂》有异曲同工之妙，陈柏坚的《歌王帕瓦罗蒂》简洁夸张，自由灵动，唯求神似；张嵩祖的《帕瓦罗蒂》造型准确，功力深厚，形神兼备。就艺术风格而论，一个走的是浪漫主义路子，一个走的是现实主义路子，殊途同归，皆创造了经典的艺术形象。

◆ **帕瓦罗蒂**

张嵩祖2008年作

张嵩祖的人物肖像藏书票还有很多，2008年创作的《卡拉扬》藏书票和《帕瓦罗蒂》藏书票获第32届国际藏书票展提名奖；纪念抗日战争胜利七十周年，张嵩祖创作了《怀念白求恩》藏书票。张嵩祖还为王元化、方增先、高文、陈寅恪等文化名人创作过藏书票。

欣赏张嵩祖的肖像藏书票可以发现，每一张藏书票的焦点都聚集在人物眼睛上，眼睛是心灵的窗口，表达出人物的内心感情和内在精神气质。这些藏书票上多数人物的眼睛似乎都直视着你，即使是那些温和或平静的眼睛，也具有一种穿透力，似乎不是你在欣赏他，而是他要看透你的内心。即使有些人物的眼睛处理为俯视或仰视，也能给人带来凝神屏息的凝思和遥想。这种力透纸背的艺术魅力，绝非一日之功，而是张嵩祖数十年艰苦磨炼和苦苦探索的结果，所谓厚积而薄发，运用之妙，存乎一心。

如果说张嵩祖的肖像藏书票还有第二焦点，则是人物的嘴唇。紧抿的嘴唇，代表名人的意志和个性。张嵩祖凌厉而犀利的刀法，对人物嘴唇的处理不仅完美表现出了人物内在的力度，也充分体现出了木刻的力量感和艺术的张力。

◆ 卡拉扬　　　　　　　　　　◆ 怀念白求恩

张嵩祖2008年作　　　　　　　　张嵩祖2015年作

◆ **元化藏书**

◆ **增先藏书**

张嵩祖2005年作

张嵩祖2001年作

◆ **高文珍藏**

张嵩祖2014年作

　　《黄可藏书》是张嵩祖于2013年2月创作的木刻书票。美术评论家黄可是上海美协理事、理论研究室主任，《上海美术通讯》主编，曾主持编纂第一部《上海美术志》。严谨睿智的风度，勤勉谦恭的神态，淡然平和的模样，在这张肖像藏书票中刻画得入木三分。背景是一匹骏马，恰切地寓意黄可堪称上海美术界的伯乐，表达了张嵩祖对人物的感情。

　　《陈健藏书》是张嵩祖为藏书票收藏家陈健创作的一张藏书票。画面是中山大学已故著名历史学家陈寅恪的肖像，陈寅恪曾任中山大学教授，画面以中山大学校园进士牌坊为背景，富有岭南特色的建筑，缀以岭南生长的棕榈树，衬托出一代国学大师冷峻凝重的面容。

◆ 黄可藏书 ◆ 陈健藏书

张嵩祖2013年作 张嵩祖2012年作

　　除了王安忆，在世文化人肖像藏书票，张嵩祖都是见面后创作的。为创作著名翻译家草婴的藏书票，张嵩祖在黄显功的安排下，两次到草婴家中与草婴见面交谈，创作出了《草婴藏书》。

　　眼镜片后面，是一张温和、勤勉、忠厚、朴实的脸，这张创作于2008年7月的藏书票，准确地刻画了草婴低调、充满人文关怀的神态。草婴在2008年8月2日专门为这张藏书票题写了6个字——"美与真的结合"。

　　关于这张藏书票，邵黎阳为我们讲述了一个故事——

　　2008"梅园杯"展览组委会收到《草婴藏书》后，大家都非常满意，但马上接到作者张嵩祖的电话，称先不要用，他要另寄修改稿过来。

　　邵黎阳比较两稿，一时竟没有找到不同。"我像'找不同'游戏那样对照，终于在脸颊上找到少了一段细小的线，其细小程度几可忽略不计。但嵩祖先生认为重要，非改不可。原来他对待自己作品有这样严苛的要求。"

　　杰出的艺术家都有杰出的品质。精益求精，造就了张嵩祖肖像藏书票的艺术成就！

◆ 草婴藏书

张嵩祖2008年作

　　《周有光》创作于2021年8月，这是书稿杀青时张嵩祖最新创作的书票。88岁的张嵩祖刀锋不减当年，对人物神情的捕捉依然是那么准确，甚至可以说精准，尤其是仿刻周先生的签名一丝不苟，几可乱真。这就是老艺术家张嵩祖数十年积累的深厚的功力之所在！

◆ 周有光

张嵩祖2021年作

邵黎阳：形神兼备

　　鲁迅是中国现代木刻运动的倡导者，因此很多版画藏书票艺术家都创作过鲁迅肖像，邵黎阳曾创作黑白木刻《鲁迅一家》版画，对鲁迅照片和艺术形象有深入研究，创作这张《鲁迅像》藏书票自然驾轻就熟、游刃有余。

　　这张鲁迅肖像，以书架上的书为背景，表现出一代文豪博学多才、忧国忧民的形象。晚年病中的鲁迅脸部略微浮肿，显出疲态，但目光仍然坚定，犀利与平和交织，表现出这位无畏的"斗士"儒雅的一面。

　　这张木刻肖像是邵黎阳为1938年版《鲁迅全集》有限再版配刻的一张藏书票，创作于2016年，完美表现出邵黎阳在人物肖像刻画上对形神兼备的追求。

◆ 鲁迅像

邵黎阳2016年作

《森本利根》《黎阳藏书》两张藏书票都是表现日本名人的，邵黎阳直接在藏书票上刻写文字，表达了对他们的赞赏和尊敬。

这两张藏书票也凸现出了邵黎阳对人物肖像刻画的深厚功力。刻画森本利根，寥寥数笔，抓住了人物形神，以简驭繁，突出其特征，令人过目难忘。刻画村山富市，则精雕细琢，精湛的线条挥洒自如，表现出钢笔素描的效果。

两个人物肖像艺术风格迥异，如果说《森本利根》是写意画，那么《黎阳藏书》则是素描画，异曲同工，殊途同归，都达到了神形兼备的艺术境界。

◆ 森本利根　　　　　　　　◆ 黎阳藏书

邵黎阳2005年作　　　　　　邵黎阳2015年作

　　田径界传奇人物尤塞恩·博尔特被誉为世界上跑得最快的人，这位奥运会冠军于1986年8月21日生于牙买加特里洛尼，早在2008年5月，博尔特在纽约锐步田径大奖赛上就以9.72秒的成绩打破世界纪录。2012年，博尔特在伦敦奥运会上成为奥运史上首位同时卫冕100米和200米冠军的选手。2013年，在莫斯科世锦赛上，博尔特包揽了男子100米、200米和4x100米接力3张金牌，他的世锦赛的金牌总数达到8张。

　　2014年，邵黎阳创作了《飞人博尔特》，纪念这位"当今世界跑得最快的人"。

　　这张藏书票没有按照惯例表现飞人跑步的动感形象，而是采用了博尔特的正面肖像。画面中飞人扭头昂首，坚毅的眼睛凝视前方，一口白牙展现了对胜利的把握和坚忍不拔的意志。作者以富有表现力的高难度木口木刻技法，将刻刀聚焦在飞人的脸庞上，通过细密的线条纹理和黑与白的精心布局，让人们感受到力量、自信和阳光性格的魅力。

◆ 飞人博尔特

邵黎阳2014年作

　　这是中国美术家协会前主席齐白石的标准像。很多画家画过齐白石肖像，也有很多摄影家拍摄过齐白石肖像，邵黎阳创作的《齐白石》藏书票取材自著名摄影家郑景康1956年拍摄的齐白石肖像。

　　当年，郑景康拍摄了两张齐白石肖像，两张照片的区别主要在于眼神。一张照片中齐白石处于放松状态，眼睛自然侧视前方。另一张照片齐白石的眼睛看着镜头，正视前方，藏书票《齐白石》采用的就是这张照片。

　　但这张藏书票绝非照片的翻版，而是按照版画艺术特点，有所取舍和提炼。如胡须的断续线条，看似凌乱，其实每一根线条都颇有讲究，富有艺术魅力。更具表现力的是人物外貌基础上的神态，正所谓形神兼备，眼睛的深邃，嘴唇的张开，面容的气韵，都刻画得惟妙惟肖。

◆ 齐白石

邵黎阳作

任正非，华为的创始人和总裁，中国企业家的代表人物，在各种纸媒、电视台和互联网上频频露面，邵黎阳根据这些照片和视频，创作了这位中国伟大企业家的形象。

任正非是有思想的企业家，每一次讲话都有自己的观点，这些观点或尖锐，或务实，被奉为企业管理的经典，在网友中广泛流传。邵黎阳巧妙地将任正非的经典讲话刻写在藏书票上，呈弧形排列，组合成旋风似的图形，寓意头脑风暴；又如潮水漩涡，任正非每每处于漩涡中，历经各种艰难困苦，百折不挠。画面如此处理，凸显了任正非傲立时代潮头的形象。

通过任正非讲话时自信的微笑和坦然的手势，邵黎阳刻画了一个从容、坚韧、睿智、淡定，始终富有忧患意识，又始终乐观向上的企业家形象。

◆ **任正非**

邵黎阳作

锯齿般的水平线为背景，散落几颗小星星（或波光），衬托出戴眼镜的张闻天颔首平视的肖像。浓重的黑色，衬托出脸部高光，表现了张闻天一生对光明的渴求和对真理的追求。

张闻天（1900年—1976年），曾化名洛甫，杰出的无产阶级革命家和理论家，主要著作为《张闻天选集》。

革命烈士方志敏是闽浙赣省苏维埃政府主席，中华苏维埃共和国中央主席团委员，被俘入狱后，写下了著名的《可爱的中国》《清贫》等名著。1935年8月6日，方志敏在南昌英勇就义，时年36岁。

《方志敏》藏书票采用塑胶版技法，赋形准确，用刀有力，线条刚劲，表现了方志敏烈士磊落坦荡、坚贞不屈的大无畏革命精神。围绕方志敏肖像的半圈文字"为先烈方志敏作画传纪念"，采用淡咖色，将方志敏肖像的墨色烘托得更鲜明，加强了视觉冲击力。

◆ 张闻天　　　　　　　　　　　　◆ 方志敏

邵黎阳作　　　　　　　　　　　　邵黎阳2011年作

陈学伦：那一低头的温柔

陈学伦的《王人美》生动刻画了一代女星美妙的传神表情。最是那一低头的温柔，像一朵水莲花不胜凉风的娇羞。这诗意盎然的画面，将我们一下子带入徐志摩的诗境。

少女时代的王人美，清新、自然、明朗、纯朴。难得的是陈学伦抓住那一低头的微笑瞬间，使飞扬的神采如凝固的音乐，令人回味无穷。

带有装饰的四角花边纹衬托出一代影星的秀雅之气。橙黄的底色带给人们的是永恒的温馨记忆。右边竖长方框中"王人美"三个字和鱼尾括号，仿佛是一本传记的封面。一个人就是一本打开的书，一个明星更是一本丰富而生动的书，这张书票以最洗练的语言，向我们讲述王人美的故事——父母早亡，12岁和两个哥哥到上海谋生，加入黎锦晖主办的中华歌舞学校学艺。1931年在《野玫瑰》中饰女主角，一举成名。1934年和影帝金焰结婚，同年主演《渔光曲》，荣获莫斯科国际电影节荣誉奖，此后主演《青春之歌》等多部电影。1945年和金焰分手。1955年和著名画家叶浅予结婚。

伴着舒缓低回的经典音乐，用目光触摸老照片，我们不禁步入怀旧的年代。时光易逝，美人迟暮，不老的是关于美丽的记忆。

◆ **王人美**

陈学伦1998年作

如果说陈学伦的藏书票《王人美》重在表现人物的情感，那么《托尔斯泰》则重在再现人物的精神。

在黑暗的农奴制背景下，俄国一代文豪托尔斯泰忧思着什么？是"毋以暴力抗邪恶"，还是"道德自我完善"？

陈学伦抓住托尔斯泰的特点，以简洁严谨的构图，强烈的黑白对比，表现出了托尔斯泰"这一个"形象的精神内涵。

陈学伦的藏书票都注重以最简洁的线条，在形似的基础上，凸显人物的神似。

陈学伦创作的藏书票《侯德榜》，塑造了科学史上的巨人，在富有艺术表现力的造型中，人物显得理性、冷静而严谨。

陈学伦的藏书票大多没有"某某珍藏"或"某某藏书"之类的文字。

◆ 托尔斯泰　　　　　　　　◆ 侯德榜

陈学伦1989年作　　　　　　陈学伦1999年作

冒怀苏：略带顽皮的灵气

《边城》《湘西散记》已经成了中国现代文学的经典，冒怀苏以淡咖色表现《边城》人物，以及青年沈从文创作《边城》时灯下笔耕的情景。

在淡淡的背景下，以黑色突出沈从文微笑的肖像，凸显一代大师童真的、温和的、略带一些顽皮灵气的性格。

亲切感人，博爱天下，善良而有文人气息，这是他微笑时给人的感受，这也正是真实的沈从文。

冒怀苏的"当代作家"系列藏书票形成了自己的风格，在作家肖像之下，都有作家作品中的人物作为衬托。他创作的《石挥》藏书票，在淡淡的背景之上，石挥低垂着头在凝思着什么，给人无限想象。

◆ **沈从文**   ◆ **石挥**

冒怀苏1998年作   冒怀苏1998年作

刘晓东：反复推敲琢磨

刘晓东是木刻版画高手，他的藏书票作品也基本都是木版藏书票，只有少量石刻藏书票，《屈子行吟·晓东藏书》就是石刻藏书票中的一张。

多年以前，刘晓东到湖南汨罗采访，顺道拜谒了屈原祠，凭吊了屈原以身殉国的汨罗江。站在滚滚东去、烟波浩渺的汨罗江，面对仰天长啸的屈原雕像，刘晓东怅然若失、浮想联翩，萌生了要创作一张屈原藏书票的念头。

回到北京，刘晓东查阅了大量有关屈原的典籍资料，反复推敲，终于创作出这张《屈子行吟·晓东藏书》藏书票。

在构图上，刘晓东选择了中国线装书的外形，似翻开的一页书，上方有意留下空白。

在形象处理上，屈原宽袍大袖，双手反剪，长发飘散，仰天而视，似有千言万语。屈原的形象占据画面中央，留天留地，飘然欲仙。

刻制时，刘晓东将边缘稍作残破处理，增加了沧桑感。

书票上的文字采用中国传统的篆文，加重了整幅藏书票画面的古典色彩。

考虑到屈原投江而亡，刘晓东在画面的下方加了一张"水"的红印，以寄托崇敬之感。

印制用纸也颇有讲究，刘晓东特意选择了洒金微黄的宣纸，增加了这张藏书票的书卷气与历史感。

◆ 屈子行吟·晓东藏书

刘晓东作

曹文汉：白描引入藏书票

　　曹文汉藏书票中的《王琦藏书》，表现的是著名版画家王琦。

　　王琦早期的木刻作品，可视作描绘艰难的战争年代民众疾苦的历史画卷，如《难民一群》《难民站上》等，表现手法是当时木刻界普遍使用的现实主义写实手法。中华人民共和国成立后，由于历史的发展由战争转向和平，由破坏转向建设，因此，王琦先生版画作品的题材也随之转变，以表现水利建设、林业建设方面的作品为多。

◆ 王琦藏书　　　　　　◆ 纪念"五四"运动
　　　　　　　　　　　　　　八十周年

曹文汉1998年作　　　　　　曹文汉1999年作

力群和彦涵都是著名版画家，胡适是著名思想家、文学家和哲学家。曹文汉创作这些名人肖像时，善于运用简洁的线条，采用白描的手法，寥寥数笔就勾勒出人物的神采。在他的名家人物系列藏书票中，艺术语言高度概括，在单调中体现丰富，注重线和点的结合、长线和短线的交织，以明快而流畅的线条，精确而生动地表现人物的外貌和内涵，见神见骨，人物的精神气质和性格呼之欲出。

可以说，曹文汉为将白描手法引入藏书票中，作了大量的卓有成就的探索，形成了自己独到的艺术语言和鲜明的艺术风格。这组藏书票正是他名人肖像题材藏书票的代表作。

◆ **力群爱书**　　　　　　　　◆ **彦涵存书**

曹文汉1998年作　　　　　　曹文汉1998年作

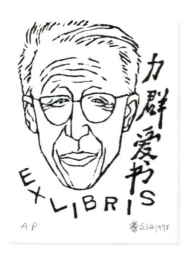

董其中：太阳河·母亲河

董其中创作的《鲁迅》藏书票，以阴刻手法，寥寥数笔就刻画出鲁迅沉郁严厉的气质，传神的明眸充满睿智，似要洞穿黑暗如铁的旧社会。

太阳和河水，都是永恒的主题，象征岁月，阅尽沧桑。

夕阳照耀在波光粼粼的河面上，背着双手河边漫步的马烽低头凝思着什么，寻觅着什么。

母亲河，正是一个人民作家创作的不竭源泉。这张《马烽藏书》是董其中1996年的杰作。

董其中的作品饱含大众感情，具有浑厚、纯朴、豪放的风格，特别是黑白木刻，善于运用单纯、明快、刚劲、有力的艺术手法，富有民族性和装饰感。

◆ **鲁迅**　　　　　　　　　◆ **马烽藏书**

董其中作　　　　　　　　　董其中1996年作

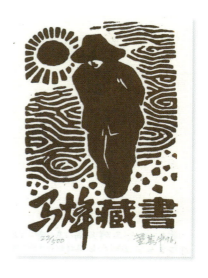

徐鸿兴：人格的闪光

　　徐鸿兴具有多方面的艺术才华，版画、水彩、国画俱佳，因此，他将诸种技法融会贯通，应用于藏书票创作，其藏书票作品色彩协调，简洁淡雅，浑然一体，每一张作品在构图和表现手法上都不雷同，既有版画的厚实和力度，也有水彩的浑然和明丽，又有国画的严整和飘逸，纯熟的木刻水印技法，造就了独特的水墨韵味艺术风格。

◆ 熊庆来 ◆ 田汉

徐鸿兴作 徐鸿兴作

2016年8月15日静安区图书馆海关楼举办了"方寸之间溢书香——徐鸿兴藏书票展"，这是"上海图书馆版画日"系列活动中的两个藏书票展之一。展品收录了徐鸿兴自1997年到1999年创作的文化名人藏书票，颇具特色，尤其是为梁漱溟、田汉、熊庆来、华罗庚、宋庆龄等创作的肖像藏书票，更是受到观众的好评和收藏家的珍爱。

行家评价："徐鸿兴画画刻苦努力，寻找到了一种适合自己创作的艺术语言。艺术作品是作者思想情感的表达。尤其是在人心浮躁、诱惑丛生、言必功利的当下，他心静如水，专注笔耕，更是难能可贵。"

这些名人肖像在徐鸿兴出神入化的刀笔下，见骨见神，表现出了高超的版画技法。

◆ 梁漱溟 ◆ 华罗庚

徐鸿兴作 徐鸿兴作

张翔：不媚俗的傲骨

沈尹默，教育家、书法家、诗人，中国现代著名学者。1913年至1928年在北京大学任教，讲授中国历史、国文等课程，于1918年先后成立书法研究会、画法研究会，会长分别是沈尹默和徐悲鸿。与李大钊、陈独秀等同为《新青年》杂志编辑委员会委员，轮流任主编。

张翔刻画的沈尹默曾是诗人，也出任过官员，1931年2月任国立北平大学校长，因不满政府遏制学生运动、开除进步学生，毅然辞职；抗日战争期间曾任重庆监察院监察委员，弹劾孔祥熙未果，不满政府的腐败，抗战胜利后即辞职……经历大半个世纪风雨变幻，他还有诗人的激情和纯真吗？

他欲言又止，拧着眉，苦着脸，略带忧思，我们再也看不到他纯真热情的诗行了。只有多彩的光，在他脸上变幻波动，只有书法，仍挥洒着他不媚俗的傲骨。

张翔对沈尹默有自己深刻的理解，他创作的沈尹默形象有深刻的社会文化背景。《沈从文》等名人肖像藏书票，张翔都有自己独特的理解和表现方式。

◆ 沈尹默   ◆ 沈从文

张翔1998年作   张翔2007年作

张德光：丝网的小圆点

张德光的丝网版《今村乔藏书》《永珍之书》藏书票中，郭沫若和托尔斯泰的形象如同照片，层次感分明，没有明显的线条，也没有色彩，全部通过小圆点表现人物面貌，形成了鲜明的艺术风格，与其他采用线条和色彩的艺术家作品有异曲同工之妙。

◆ 今村乔藏书

◆ 永珍之书

张德光1998年作

张德光1998年作

梁栋：如椽大笔写时代

纪念五四运动八十周年藏书票《新文化运动》，梁栋选取的是文化名人鲁迅，背景是游行学生，主体突出，层次分明，将人们一下子就带入了那个激情飞扬的年代。

关于梁栋与藏书票，深圳藏书票艺术家侯秀婷给笔者讲述了这样一个故事："我举办海峡两岸藏书票展览时，请梁栋老师题字，梁栋当即说：'没问题，我回北京就给你写。'后来，我收到了他的题字，横的竖的，大的小的都题了，一共写了4幅。"

这个故事说明了梁栋的一个特点：认真细致。

梁栋的藏书票作品几乎全部是水印套色木刻，如同这张《新文化运动》，内涵丰富，立意高雅，技法老到，色调和谐，有很高的鉴赏价值和收藏价值。

◆ 新文化运动

梁栋1999年作

杨忠义：精细的写实

杨忠义创作的《鲁迅》藏书票，图像细腻入微，犀利的目光表现了鲁迅"横眉冷对千夫指，俯首甘为孺子牛"的精神气质。

杨忠义都重视选取人物最有代表性的形象和造型予以表现，以写实的手法、细密的线条，将人物表现得一丝不苟、丝丝入扣。

◆ **鲁迅**

杨忠义1999年作

◆ 鲁豪藏书

杨忠义2010年作

◆ 楷仪藏书

杨忠义2010年作

丁立松：奋笔疾书写春秋

丁立松创作的《允经书库》主图是鲁迅肖像，右下方是一位正在埋头挥笔写作的作家、学者。这是丁立松为学者李允经创作的一幅藏书票。李允经是鲁迅研究专家，为鲁迅纪念馆研究员，出版多本有关研究鲁迅的专著，因此该张藏书票以鲁迅肖像为背景。

谈到这张藏书票的创作缘起，丁立松对笔者说："李允经在鲁迅精神的感召下冒着酷暑奋笔疾书《中国现代版画史》。这本书完成了老一辈版画家的重托，受到李桦、力群等老一辈版画大家的称赞。"正是在这种精神的感召下，丁立松创作了《允经书库》藏书票。

《鲁迅纪念馆》藏书票上面刻画鲁迅侧面像，下面是鲁迅纪念馆建筑，该藏书票也是为"纪念鲁迅先生120周年诞辰"而创作，画面构图庄重，层次分明。

丁立松对笔者说："在我创作的藏书票中，我对这两张比较满意，尤其是李允经那张。"

◆ **允经书库**　　　　　　　　　　◆ **鲁迅纪念馆**

丁立松2001年作　　　　　　　　　　丁立松2001年作

沈有福：经历都写在脸上

　　紧抿的嘴唇和镜片后温和的目光，沈有福的《欧阳予倩》不仅形似，而且凸显人物宽厚、温和及仁爱的性格。

　　欧阳予倩（1889—1962），著名戏剧、戏曲、电影艺术家，中国现代话剧创始人之一。原名立袁，号南杰，艺名莲笙、兰客，笔名桃花不疑庵主。1889年5月12日生于湖南浏阳一书香官宦家庭。

　　中华人民共和国成立后，欧阳予倩历任中央戏剧学院院长，中国文联第一届常委和第二、三届副主席，中国戏剧家协会第一、二届副主席，中国舞蹈家协会第一、二届主席。1962年9月21日病逝。

　　人物的经历都写在脸上，小小藏书票，凝聚了欧阳予倩的一生。

◆ 欧阳予倩　　　　　　　◆ 诺贝尔

沈有福作　　　　　　　　　沈有福1998年作

陈平德：戏剧家的场景

　　大色块、粗线条强化了洪深的忧郁和愁思，将两个恋爱中的男女置于零乱的带不规则方格的背景上，整个画面笼罩着一种阴郁、沉重的氛围，可以看出藏书票作者对洪深剧作理解的深度。

　　《洪深》藏书票的构图善于利用背景，巧妙地以洪深创作的戏剧中的人物为背景，很好地衬托出了这位现代戏剧家的创作风格。

◆ **洪深**

陈平德作

冀荣德：清癯的朱子

这是冀荣德为朱子书院刻制的一张藏书票。画中人物为宋朝著名的理学家、思想家、哲学家、教育家朱熹，他是中国儒学集大成者，世人尊称朱子。

藏书票上刻画的朱子，身穿古代长袍，左手持书，右手平摊，正在讲学，清癯的面庞充满睿智，儒雅的姿态展现了博古通今的纵横才华。作者着力表现这位博学多才的大儒虽已年岁老迈，但仍有玉树临风之神采、学富五车之风度。

右边的"朱子书院藏"绿底阴刻篆文，增添了这张藏书票的古雅色彩。

◆ **朱子书院藏**

冀荣德2013年作

张子虎：粗犷遒劲的刀法

作者着意刻画恩格斯庄严博学的气质，背景是红色的旗帜，一个女子张开双臂，拥抱新的世界。张子虎创作的《恩格斯》藏书票，准确地表现了恩格斯对自由、革命和人性的追求。

张子虎的《聂耳》以红色的战争场面和五线谱为背景，刀法沉稳有力。

◆ **恩格斯**   ◆ **聂耳**

张子虎1998年作   张子虎1998年作

张子虎以粗犷遒劲的刀法刻画老年张大千的形象，其乐观、浪漫、慧黠的神采活灵活现。

张子虎喜欢用黑红两色表现人物肖像，在《钱学森》藏书票中，张子虎亦采用了他惯常使用的黑红两色，红色作为藏书票拉丁文字母的底色，衬托出上面黑色的钱学森侧面肖像。

钱学森（1911年—2009年），生于上海，世界著名科学家，空气动力学家，中国载人航天奠基人，中国"火箭之王"。曾任教于美国麻省理工学院和加州理工学院，由于钱学森回国，中国导弹、原子弹的发射向前推进了至少20年。曾任国防科工委副主任、中国科技协会名誉主席、全国政协副主席等。《钱学森》藏书票传神地表现了老年钱学森睿智、博学而儒雅的个性特质。

◆ 张大千

◆ 钱学森

张子虎1997年作

张子虎1999年作

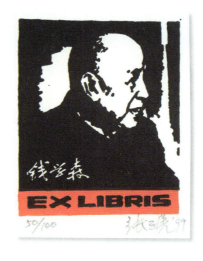

张克勤：多种技法的探索

文化名人藏书票是张克勤喜欢的题材。《尚长荣藏书》以上海京剧院著名京剧表演艺术家尚长荣肖像为主图，图中尚长荣面带微笑，显得和蔼可亲、温文尔雅，右后的三个京剧脸谱是尚长荣表演的人物角色。这张藏书票表现了张克勤塑造人物对形神兼备的追求。

《竺可桢》与《尚长荣藏书》藏书票是张克勤刻画人物的两种不同的风格，《尚长荣藏书》注重线条的栩栩如生，《竺可桢》藏书票不求线条的精细肖似，而通过墨块的大写意呈现人物的神采。

竺可桢曾任中央研究院气象研究所所长、浙江大学校长、中国科学院副院长，是中国近代地理学、气象学的奠基人。藏书票以红色背景展现大自然气象，寓意竺可桢引导当代中国气象、地理学的发展，成为公认的中国气象、地理学界的"一代宗师"。

◆ 尚长荣藏书　　　　　　　　◆ 竺可桢

张克勤2001年作　　　　　　张克勤1999年作

20世纪80年代，朱逢博是中国华语乐坛具有开创性和标志性的歌唱家，是中国现代流行音乐的开山鼻祖，也有中国夜莺之称，有中国新民歌之母的美誉。她在上海创建了中国首个轻音乐团。

同在上海的张克勤出于对朱逢博的尊敬和喜爱，创作了《朱逢博藏书》这张文化名人藏书票。微抿的嘴唇、宽阔的额头、传神的眼睛，表现出朱逢博独具风格的艺术气质。

这张藏书票还有彩色版，笔者曾见过，是张克勤于2000年创作的。

巴金是藏书票艺术家喜欢刻画的人物。张克勤的这张巴金肖像与众不同，采用漫画的形式，以夸张的手法突出人物特征，寥寥数笔勾勒出世纪老人的神韵。

藏书票以较大的画幅刻写了一句巴金的话，"我是在作品中生活，在作品中奋斗"，突出了这张藏书票的主题。

◆ **朱逢博藏书**　　　　　　　　◆ **巴金**

张克勤2001年作　　　　　　　张克勤1999年作

陆锦花，1927年2月生于上海，是上海越剧团著名越剧演员，擅演穷生和巾生，音色明亮纯净，行腔舒展，独具特色，被称为"陆派"。代表作有《珍珠塔》中的方卿、《彩楼记》中的吕蒙正、《情探》中的王魁、《盘夫》中的曾荣等。

《陆锦花》藏书票表现了陆锦花手持琵琶弹唱的情景，刻画出陆锦花飘逸自如、潇洒儒雅、含蓄大方的神态。画上三朵盛开的鲜花巧妙切合人物名字，表现了繁花似锦、锦上添花的寓意。

《史依弘》是张克勤为上海京剧院梅派大青衣史依弘（原名史敏）创作的一张藏书票，史依弘在1994年1月被评为首届"中国京剧之星"，1994年以《扈三娘与王英》获第十一届中国戏剧"梅花奖"，系上海戏剧家协会副主席。

史依弘文武兼擅，唱做俱佳，嗓音宽亮动听，做工细腻沉稳，这张藏书票很好地表现了她俊美清丽的扮相。

◆ 陆锦花　　　　　　　　◆ 史依弘

张克勤作　　　　　　　　张克勤作

票主吴谨言，1990年8月16日出生，毕业于北京电影学院2009级，参演电影《万有引力》，电视剧《烽火佳人》《秀丽江山之长歌行》《朝歌》等，主演的古装宫廷剧《延禧攻略》一经播出即成为热播剧。《吴谨言》藏书票再现了吴谨言在剧中的扮相和表演。

《严庆谷》藏书票刻画了上海京剧院国家一级演员、武丑角严庆谷饰演悟空戏的造型，突出了他表演松巧洁恰、诙谐幽默、趣味盎然的瞬间表情。

严庆谷，1970年8月1日出生，代表剧目有《三盗九龙杯》《盗银壶》《蒋平捞印》《时迁偷鸡》《群英会》《扈三娘与王英》《宝莲灯》等。曾获中国京剧中青年演员电视大赛银屏奖、上海市1994八省市京剧武戏群英会金奖、全国青年京剧演员电视大赛最佳表演奖等。

◆ 吴谨言　　　　　　　　　　　◆ 严庆谷

张克勤2018年作　　　　　　　　张克勤作

《廖昌永》藏书票刻画了中国美声歌唱家廖昌永和他的老师周小燕教授。

廖昌永，1968年10月25日生，1988年9月考入上海音乐学院。

入学的第一年，廖昌永师从男高音歌唱家罗魏，第二年，廖昌永转入声乐教育家周小燕教授门下，这成为他后来走向国际舞台的一个绝好的机遇。

1996年至1997年间，廖昌永在一年内分别获得法国第41届图鲁兹国际声乐比赛第一名、多明戈世界歌剧大赛第一名、挪威宋雅王后国际声乐大赛第一名，世界乐坛为之震惊。多明戈对他赞赏不已，宋雅王后亲自把第一名的奖牌颁发给他，同时称当天为"中国日"。就这样，周小燕教授带着他一步一步走向国际。

张克勤的藏书票没有着意表现廖昌永获奖的辉煌一刻，也没有表现他舞台演唱的英姿，而是选取他和恩师在一起探讨声乐的画面，表现了亲密无间的师生之情。

◆ 廖昌永

张克勤2016年作

1959年1月出生的郭玉麟是上海评弹团著名弹词演员，国家一级演员，上海评弹团艺术委员会主任。代表作品有弹唱长篇《神弹子》《十三妹》《大红袍》，中篇评弹《四大美人》《林徽因》等。

《郭玉麟》藏书票表现了郭玉麟表演弹唱时形神兼备、角色分明的形象。

张克勤的人物藏书票创作关注各行各业人。《深山信使王顺友》表现的是一个普通投递员的形象，描绘四川省凉山彝族自治州木里藏族自治县马班邮路投递员王顺友，20年里一个人一匹马行走26万千米，没有耽误过一个班期，没有发错过一份邮件。王顺友因此获得"全国五一劳动奖章""全国劳动模范"称号。

◆ 郭玉麟　　　　　　　　　◆ 深山信使王顺友

张克勤作　　　　　　　　　张克勤2018年作

邱军华是一名普通饲养员，出生于1976年，19岁从上海农业学校毕业后，便走进上海野生动物园担任第一任，也是唯一一任的金丝猴饲养员。国宝金丝猴繁殖不易，邱军华在21年里成功繁育出51只幼崽，经他培育的金丝猴遍布全国各地动物园。

张克勤刻画邱军华怀抱金丝猴的画面，不仅表现金丝猴的可爱，也点明了邱军华的饲养员身份，与猴共处，亲密和谐，无怪乎人们都称他是上海"美猴王"！

哈珀·李是美国著名小说家，1960年发表了她生前出版的唯一一部长篇小说——《杀死一只知更鸟》，该作至今已被翻译成40多种语言，全球销量超过3000万册。2016年2月20日，哈珀·李去世，享年89岁。

◆ 邱军华　　　　　◆ 美国作家 哈珀·李

张克勤2016年作　　　　　　张克勤2014年作

《慈禧》藏书票刻画了盛年时期慈禧的形象，紧闭的嘴唇，冷酷的眼神，倨傲的神态，入木三分地表现出了慈禧的个性特征。

或许，有人会感到好奇，慈禧画像下面为何要刻画一株植物——香橼？

原来，张克勤在报纸"听故事识中草药"栏目中，看到一篇介绍香橼的文章——《香橼：老佛爷的"空气清新剂"》，文中写道："老佛爷慈禧常喜欢在房间里放着一缸水果，她也不吃，就放在那里，十天半月后让宫女撤掉，或赐给宫女们分食，再换上新鲜的。旁人不知道缘由，也有人说她佛心善意对宫女们好。其实，她是将这个水果当作了空气净化剂，而且还是环保型的净化剂，它散发的气味让空气新鲜而好闻，等到香气耗尽时，才让宫女们'消灭掉'它们。而这个水果就是——香橼。"

根据这篇文章，张克勤创作了慈禧和香橼共处一图的趣味藏书票。

◆ **慈禧**

张克勤2015年作

金大鹏：百年巨匠领风骚

　　从2013年开始藏书票创作，金大鹏一发而不可收，2016年开始创作"百年巨匠"系列名人藏书票，短短几年，形成了洋洋大观的名人系列藏书票。

　　2016年，金大鹏应上海图书馆之约，开始了"百年巨匠"名人系列藏书票的创作，《百年巨匠·鲁迅》《百年巨匠·巴金》是开篇之作。

　　鲁迅，新文化运动的旗手、白话小说的鼻祖，金大鹏采用侧面肖像剪影形式，突出了鲁迅的相貌特征和精神气质。光芒四射的背景突出了一代文豪的巨大影响力。

　　巴金是长篇小说《家》《春》《秋》三部曲的作者，他撰写的《随想录》影响巨大。藏书票以一本打开的《随想录》为背景。金大鹏刻画了老年巴金充满自省的眼神和沧桑面容，令人想到他《随想录》中的话，因真诚的忏悔，巴金被誉为"二十世纪中国文学的良心"。

◆ 百年巨匠·鲁迅　　　　　◆ 百年巨匠·巴金

金大鹏2016年作　　　　　金大鹏2016年作

金大鹏的名人藏书票多采用阳刻，《百年巨匠·徐悲鸿》是一张少见的阴刻藏书票，表现了金大鹏精湛的版画技法和娴熟的造型能力。

徐悲鸿曾留学法国学西画，长期从事美术教育，1949年任中央美术学院院长，1953年9月因脑出血病逝。他的作品有1200余幅，一生节衣缩食收藏的古今名家书画1200余幅和图书、画册、碑帖等万余件，全部捐给了国家。

◆ 百年巨匠·徐悲鸿　　　　◆ 百年巨匠·张大千

金大鹏2019年作　　　　　　金大鹏2018年作

◆ **百年巨匠・齐白石**　　　　◆ **百年巨匠・黄宾虹**

金大鹏2018年作　　　　　　　　金大鹏2018年作

◆ 百年巨匠·傅抱石　　◆ 百年巨匠·刘海粟

金大鹏2018年作　　　　　　　金大鹏2017年作

◆ 百年巨匠·吴作人 ◆ 百年巨匠·潘天寿

金大鹏2019年作 金大鹏2018年作

◆ **百年巨匠·李可染**   ◆ **百年巨匠·林风眠**

金大鹏2018年作   金大鹏2018年作

◆ 百年巨匠·蒋兆和　　　　◆ 百年巨匠·李苦禅

金大鹏2019年作　　　　　　金大鹏2018年作

◆ 百年巨匠·吴冠中　　　　　　　◆ 百年巨匠·黄胄

金大鹏2017年作　　　　　　　　金大鹏2018年作

　　笔者收藏的金大鹏18张"百年巨匠"藏书票中，除了鲁迅和巴金是作家，其余16张都是书画家。在金大鹏的刻刀下，艺术家肖像或脸庞上有沧桑，或目光中有童心，或鼻梁上有自信，或眉眼间有和蔼，或嘴唇上有坚毅，或额头上有睿智……仿佛一部现当代中国书画艺术史。

　　大多数艺术家肖像背后刻有其代表作为背景，如齐白石的虾、黄宾虹的山水、潘天寿的鹰、李苦禅的荷、蒋兆和的流民图、林风眠的鹤、吴冠中的江南水乡等，以此表明人物各擅其长的艺术成就。其中李可染的背景是红色的，令人一眼就能想到他创作的《万山红遍》《井冈山》等系列革命题材红色山水画作品。背景图画与人物肖像完美融洽，相得益彰。

　　这些都是金大鹏熟悉的艺术家，所以创作起来得心应手。人物肖像创作最重要的是形神兼备，仅仅像还不够，更显功力的是传神。金大鹏做到了，每位艺术家都是选取其功成名就后的时期，截取其最典型的瞬间神态，惟妙惟肖地刻画出人物的精神气质和个性特征。

◆ 百年巨匠·石鲁　　　　　　◆ 百年巨匠·赵朴初

金大鹏2019年作　　　　　　　　金大鹏2017年作

　　这五位人物都是艺术家，分属不同行业。其中张乐平是漫画家，"三毛"漫画形象的创作者，曾任中国美术家协会顾问、《漫画世界》主编；尚长荣是上海京剧院著名京剧表演艺术家、中国戏剧家协会主席；朱明瑛是著名歌唱家、东方歌舞团的"当家花旦"；辛丽丽是舞蹈家、上海芭蕾舞团团长；曹鹏是上海交响乐团指挥。

　　在构图上，金大鹏对这五位大师级人物处理各不相同，别具匠心。尚长荣是京剧表演扮相；曹鹏是以三个指挥特写叠影凸显其肖像；朱明瑛肖像并未出现在藏书票上，而是代之以一组黑人舞蹈的剪影，当年，朱明瑛就是浑身涂满了黑色的油彩扮非洲姑娘唱黑人歌引起轰动的；辛丽丽的代表作是芭蕾舞剧《天鹅湖》，如天鹅飞舞的舞蹈造型置于圆形中，圆形周边一圈玉兰花盛开，这是奖牌的造型，辛丽丽曾夺得第二届纽约国际芭蕾舞比赛女子组银奖（金奖空缺）、第三届巴黎国际芭蕾比赛双人舞大奖等奖项。

◆ 纪念张乐平

金大鹏2020年作

◆ **尚长荣藏书**　　　　　　　◆ **明瑛藏书**

金大鹏2017年作　　　　　　　金大鹏2017年作

◆ 辛丽丽藏书   ◆ 曹鹏藏书

金大鹏2017年作   金大鹏2020年作

额头上的皱纹和脸上的细纹，掩不住绝代风华。从容、沉稳、坚毅、智慧、自信、自强，在金大鹏的刻刀下，屠呦呦闪烁着高贵的气质。

金大鹏创作这张藏书票时，屠呦呦已经87岁。她是中国本土第一位获诺贝尔科学奖项的科学家，2015年10月，获得诺贝尔生理学或医学奖；2017年1月9日，获2016年国家最高科学技术奖。

藏书票构图集合了三要素，安排合理。主图是屠呦呦肖像，主图旁边的黄色圆形图是诺贝尔科学奖项黄金奖牌，奖牌上的人物是瑞典化学家和发明家诺贝尔，左上是化学式，体现了科学精神的严谨和诺贝尔科学奖的权威性。

微笑的眼睛、紧抿的嘴唇、短短的满头白发，是老年柯灵形象的特点，金大鹏准确把握人物特点，加以艺术提炼，刻画出一个充满灵气和精神活力的老人肖像。

在沪上，电影理论家、剧作家柯灵是一位可亲可敬的文化名人。他21岁参加革命，曾任《文汇报》副社长兼副总编，上海电影艺术研究所所长，《大众电影》主编，上海作协书记处书记，全国政协第六、七届常务委员等。

◆ 屠呦呦藏书　　　　　◆ 纪念柯灵

金大鹏2017年作　　　　金大鹏2020年作

雕塑般的肖像昂首向前，表现了沪上画家陈佩秋豁达、耿介、真诚的个性，令人想到她曾说过的话："真正的大家，以作品说话。""一个艺术工作者，如果丧失了社会责任感，整天就知道围着钱转，怎么可能有大格局，也无法成为真正的大家。"

陈佩秋，上海大学美术学院兼职教授，中国美术家协会会员。20世纪50年代，陈佩秋成为上海画院最年轻的画师，《天目山杜鹃》获上海青年美术作品展览一等奖和全国青年美术作品展览二等奖，《红满枝头》入选第六届全国美展优秀作品展。其画作雅致飘逸，清新脱俗。

◆ **佩秋藏书**

金大鹏2017年作

绿叶叶茎装饰纹，精细如乐清刻纸满布画面，给人赏心悦目的雅趣。金大鹏的名人藏书票皆以肖像为主图占据大部分画面，唯有这张一反常式。肖像很小，小如方寸邮票，整幅画面以叶茎纹为背景，绿色叶茎衬托黑色反白的阴刻肖像特写。

肖像虽小，但仍是主图，以小见大，蔓蔓叶纹中跳出的微笑，更显醒目。其实画家是极为讲究的，色彩搭配协调，简单的绿色、黑色，加上脸部阴刻处的银色处理，右上角若有若无的红色印章，色彩简单而不失清雅，画面看似简单而不失丰富。

叶茎是茶树的叶茎。张天福是中国近现代十大茶叶专家之一，福建省农业科学院茶叶研究所技术顾问，被称为"茶学界泰斗"。这张《纪念张天福》藏书票创作于张天福逝世当年，张天福享年108岁。藏书票上的叶茎纹不仅是装饰纹，还是张天福茶学一生的生命所系。

◆ 纪念张天福

金大鹏2017年作

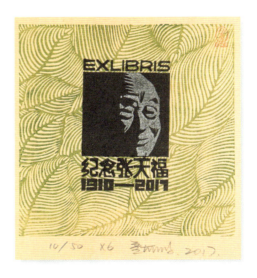

　　南怀瑾是中国当代国学大师、中国传统文化传播者，曾任台湾政治大学、台湾辅仁大学及台湾中国文化大学教授，晚年定居苏州太湖大学堂，2012年9月29日在苏州逝世，享年95岁。

　　南怀瑾百年诞辰之时，金大鹏创作了这张藏书票。没有任何背景装饰，留下的是大师淡然若佛、悟透人生、超越善恶、穿越历史的和蔼微笑。

◆ 南公怀瑾先生
百年诞辰纪念

金大鹏2018年作

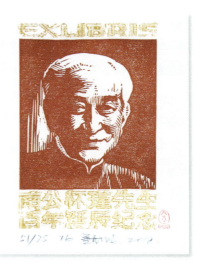

陈家泠，1937年11月生于浙江永康，中国美术家协会会员，曾任教于上海大学美术学院，1963年毕业于浙江美术学院（现中国美术学院）。金大鹏毕业的中国美术学院的前身就是浙美，如此，陈家泠可以说是金大鹏的校友和师兄。

金大鹏刻刀下的师兄笑容爽朗，意气昂扬，童心未泯，富有灵气，生动表现了三句话不离老庄的陈家泠潇洒、快活、聪敏、文气和幽默的性格，呈现物我两忘、通灵达性的精神气质。

这张《陈家泠藏书》凸显了这位"新海派水墨画领军人物"的神采。

背景是陈家泠擅长的荷花，其《开放的荷花》在1986年第六届全国美展中获得佳作奖，《不染》在1989年第七届全国美展中获银质奖。藏书票灵气浮动的画面令人想到陈家泠的《灵气论》、"灵变"展，一如陈家泠的国画风格：简洁、灵动、飘逸、巧妙、新颖、虚静，现代感与传统脐带相连。

◆ 陈家泠藏书

金大鹏2018年作

票主戒忍法师系普陀山全山方丈、中国佛教协会副会长、全国政协委员。《戒忍藏书》藏书票构图采用佛教洞窟雕像的形式，以佛教色系明黄色为主色，黄色象征尊贵，突出表现了戒忍在中国佛教界的地位和影响。

高式熊系上海市文史研究馆馆员、上海民建书画院院长、棠柏印社社长、西泠印社名誉副社长、上海市书协顾问等。《高式熊藏书》刻画的镜片背后一双炯炯有神的眼睛尤为传神。

◆ 戒忍藏书　　　　　　　　　　◆ 高式熊藏书

金大鹏2017年作　　　　　　　　　金大鹏2018年作

票主拉斯洛·邬达克是匈牙利籍斯洛伐克人，国际著名建筑设计师。世界上那么多建筑设计师，为何金大鹏单单纪念这一位呢？

原来，邬达克与金大鹏生长和生活的城市有不解之缘。金大鹏走在上海闹市，或偏僻小巷，不经意间就会与邬达克相逢：上海的国际饭店、大光明电影院、上海市第三女子中学等，都是由邬达克设计。从1918年到1947年，邬达克设计建成的项目多达50多个，单体建筑超过100幢，其中25个项目被列为上海市优秀历史建筑。这些构成了"老上海"可视可触的物质载体，和"海派文化"的象征。

为此，金大鹏创作了《纪念邬达克》，画面以拱门建筑构图，点明票主身份；以红色为装饰色，表达对邬达克的敬意。

◆ 纪念邬达克

金大鹏2017年作

《奥巴马藏书》是金大鹏为第44任美国总统巴拉克·侯赛因·奥巴马创作的一张藏书票。2008年11月4日，47岁的奥巴马当选美国总统，是美国历史上第一位非洲裔总统。2009年10月9日，奥巴马获得诺贝尔和平奖。藏书票背景是美国国旗星条旗。

毕加索，世界画坛神一般的存在，金大鹏为他创作了3张藏书票，一张是毕加索的肖像，两张是毕加索立体主义风格的超现实肖像。

毕加索是现代艺术的创始人，西方现代派绘画的主要代表。他于1907年创作的《亚威农少女》是西方现代艺术史上的一次革命性突破，是立体主义运动诞生的标志性作品。

◆ 奥巴马藏书　　　　　　　　◆ 毕加索藏书

金大鹏2017年作　　　　　　金大鹏2019年作

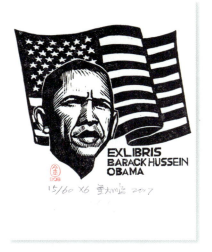

票主乔治·斯坦纳，美国著名文艺批评大师与翻译理论家，被誉为"当今知识界最伟大的人物之一"，任教于普林斯顿大学、剑桥大学、日内瓦大学，教授比较文学课程。曾获法国荣誉军团骑士勋章、阿方索·雷耶斯国际奖等。

票主克里斯蒂安·威廉·沃尔特·武尔夫51岁当选德国联邦总统，是德国历史上最年轻的总统。

《武尔夫藏书》表现出金大鹏人物藏书票的一贯风格，抓取人物典型神态，赋形准确，用刀爽利，能简则简，决不拖泥带水，线条高度概括，色彩单纯而富有设计感。

◆ 乔治·斯坦纳藏书　　　　　　　　◆ 武尔夫藏书

金大鹏2020年作　　　　　　　　　金大鹏2017年作

陶正基：坚强不屈的高尔基

如同铜铸雕像，陶正基创作的高尔基侧面肖像以金色呈现，突出挺直的鼻梁和坚硬的胡须，表现了高尔基坚强不屈、疾恶如仇的个性。

◆ **正基藏**

陶正基1996年作

张家瑞：雄强博大深沉秀婉

《先师孔子行教图》《诗圣杜甫》是两张采取古籍版画形式构图的藏书票，取材自古籍中的木版画或古典名著插图，每一张都按古籍页面设计，细腻的线条，淡淡的底色，清丽的风格，古意幽然，品位高雅。藏书票、古籍、古版画，三者合而为一，诗书画印融为一体，从书中而来，又回归于书，巧妙昭示了藏书票最本质的功能，又完美体现了藏书票的审美属性。

◆ 先师孔子行教图　　　　　　　　　◆ 诗圣杜甫

张家瑞 2005年作　　　　　　　　　张家瑞 2005年作

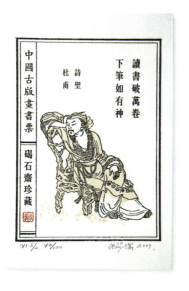

两扇正在打开的门，门缝中露出黄永玉的头部和上半身。门上的雕刻，令人想起吴哥窟的仙女浮雕，万物生长，这是生命之门，也是艺术之门……这张《黄永玉》藏书票准确表现了艺术大师黄永玉一生的好奇和探求，好奇和探求成就了伟大的艺术。

◆ 黄永玉

张家瑞 2014年作

"鲁迅与美术"是张家瑞为鲁迅博物馆创作的系列藏书票，共有14幅，每一幅都以鲁迅不同时期的头像为主体画面，以鲁迅喜欢的中外美术名作为背景。头像形神兼备，细致入微。

《北京鲁迅博物馆藏（一）》的背景取材汉画像石，上层为建鼓百戏娱乐图，中层为斗牛图，下层为车马出行图。作者突出表现了汉画像石浑厚质朴、豪放粗犷的美。鲁迅头像在这组藏书票中显得最为年轻，这与鲁迅迷恋和收藏汉画像石的时期相吻合。北京鲁迅博物馆藏有鲁迅收藏的历代金石拓片6200余张，早在1913年前后，鲁迅就开始收藏汉画像石拓片，藏量多达300多张，即使在病重时期和逝世前2个月，他仍嘱托朋友姚克、台静农、王正朔等人继续代为收集。在鲁迅眼中，"唯汉人石刻，气魄深沉雄大"，"鲁迅与美术"系列藏书票背景选用汉画像石，缘自作者对鲁迅的深刻理解。

这张藏书票中的鲁迅头像有很多斑点，与其他藏书票中精雕细刻的鲁迅像迥异，乍一看来，似乎印制粗疏，细细鉴赏，方知是作者有意为之——汉画像石的特点就是斑驳中现古雅，粗粝中见雄强，疏密间求变化，这张藏书票上的鲁迅头像与众不同的雪花点处理，恰与汉画像石风格统一，是作者设计上的亮点，而非败笔。

◆ 北京鲁迅博物馆藏（一）　　◆ 北京鲁迅博物馆藏（二）

张家瑞 2013年作　　　　　张家瑞 2013年作

《北京鲁迅博物馆藏（二）》，图中选取珂勒惠支的3幅名作为背景，3幅画布局恰到好处，尤其是孩子举碗乞讨的画面，3个孩子大大的眼睛充满期待和渴望，与鲁迅微微低头俯视的目光相交，鲁迅的眼中充满怜悯之情，表现出他对这张名作的动情欣赏。

《北京鲁迅博物馆藏（三）》，画中的鲁迅仿佛置身展厅，凝目陶醉于现代版画艺术的鉴赏，手中的香烟快烧到手指了，他浑然无觉。作者以准确精到的造型功力，栩栩如生地刻画出先生陶然忘我的神态。5幅现代版画名作一字摆开，刻画得如此精细入微。横向的水波般的木纹，纵向的缭绕上升的烟雾，使画面静中有动，而更显寂静。

《北京鲁迅博物馆藏（四）》，这张藏书票和《北京鲁迅博物馆藏（三）》构图迥异，上幅5张版画有规律地横向一字摆开，这幅画面上的6张藏书票毫无规律地随意贴在书柜上。书柜塞得满满的，画面也是满满的，书柜上的每一本书都刻画得整整齐齐而又错落有致，6张藏书票上的线条一丝不苟，文字清晰可辨：《李桦藏》《李桦自藏》《刘仑藏书》《唐英伟藏书》……都是中国早期藏书票的名家名作。

◆ 北京鲁迅博物馆藏（三）　　◆ 北京鲁迅博物馆藏（四）

张家瑞 2013年作　　　　　　　　张家瑞 2013年作

朱健翔：文脉绵绵

朱健翔眼中的名人《述贤藏书·朱熹》是朱健翔为朱子美术馆馆长朱述贤创作的一张藏书票，据有关报道，朱述贤是朱熹第26代裔孙。

朱述贤曾邀请多位藏书票艺术家创作朱熹主题的藏书票，这张藏书票是其中的一张。朱健翔依然是以线刻画人物形象，长袍长袖和帽子采取或纵或横或斜的线条表现，朱熹的脸部则全部采用斜线，刻画出了朱熹温文尔雅、刚柔相济，外表不露、道德内著的人物形象。

朱健翔表现传统文化题材喜欢采用拱门构图，这张藏书票也采用了富有历史纵深感的拱门，以均匀的点完成拱门构图。正中雕刻出石刻技法的感觉，形成横批灰底，刻"斯文正脉"四字隶书；拱门下空阔处刻宋体"朱熹"及生卒年、藏书票标识；拱门下透视远处山峦连绵，奇峰罗列，作为背景，很好地衬托出了这位理学集大成者高大的形象。

山峰也以点构成，上部山峰下垂的细纹线处理得十分巧妙，为近山与远山的距离感和层次感起到了过渡作用，从而增添了穿越千年、文化传承和文脉绵绵的幽邃感。中间的留白使画面不至于拥塞板结，使朱熹的脸部形象更加清晰突出。

◆ 述贤藏书·朱熹

朱健翔2013年作

邵明江：芦苇的纤纤风骨

《一苇斋藏书》是邵明江从诗人徐刚的诗文中获得灵感，为其创作的一张藏书票。

徐刚出生在长江入海口的崇明岛，童年是在芦苇荡度过的。徐刚喜爱芦苇，他在一篇散文里写道："我是在芦荡边长大的，我永远是它们中的一员。我不知道什么时候大海又会风云骤起。但，芦苇自有芦苇的纤纤风骨。这也就是芦苇的最宝贵处了——为着爱它的人们，它情愿变作火，烧成灰，却决不在企图吞噬它的恶浪面前低头折腰！"

徐刚多次在他的作品中歌吟芦苇，其中长诗《大芦荡》有700多行，《当代诗潮》杂志用了几乎百分之八十的版面一次把它登完，在诗坛引起很大反响。范曾先生为他的书斋题名"一苇斋"，他的女儿也取名叫"苇苇"。

徐刚爱读书，追求光明，思想犀利，笔扫千军，充满正能量，所以邵明江创作的《一苇斋藏书》的画面是一株茁壮的芦苇，是诗人之笔，明亮的阳光普照大地山川河流，映照无数诗页，中间是长发飘飞的徐刚的肖像。恰如一位评论家对徐刚的描述："一个侠骨柔肠的中国男人。也许接受过太多的阳光照射，头顶毫发全谢，但四周的鹤发倒垂，异常美丽。"这张藏书票是这段文字描述的完美表现。

◆ **一苇斋藏书**

邵明江2005年作

王昆：与众不同的先生

鲁迅一生收集的外国版画原拓作品达2100多幅，涉及16个国家的300多位版画家，被誉为"中国版画收集第一人"，鲁迅更是"从事新兴木刻运动"的中坚力量之一。有感于此，王昆创作此作品是为了纪念这位伟人。

无数版画家和藏书票艺术家创作过鲁迅像，大多鲁迅像都有一个定式，然而，王昆创作的这张《王昆珍藏》打破定式，完全与众不同。

《秦琼书票》《尉迟恭书票》取材自传统年画。中国民间年画门神有数十位，但最著名、流传最广的就是秦琼与尉迟恭这对门神，其来历在《李世民列传》中有记载。当时，唐太宗李世民因噩梦致病，每逢深夜就听见鬼叫，吓得不能入眠。有位大臣进言：不如派武将夜守宫门，必能驱逐魔鬼。

太宗听后，令大将秦琼和尉迟恭全副披挂，昼夜交替站岗为他壮胆，从此宫中平静下来，太宗的病也痊愈了。太宗想，将军夜夜守门不是长久之策，遂命画工绘两位将军画像贴在门上，称之为"门神"。后来，皇宫中的这对"门神"流传民间。

通常，画家画门神或藏书票艺术家刻印门神，都是严

◆ **王昆珍藏**

王昆2011年作

格按照年画图案绘刻，而在王昆的笔尖刀下，除了门神的外貌形象和双鞭双锏保留了年画原作的特征，衣饰细节则多为王昆的创造，门神的胯间刻绘出窈窕少女等人物形象，这是传统门神图案中完全没有的。

这对门神的形象和兵器被置换了，根据书中的描写和传统年画造型，秦琼白脸、尉迟恭黑脸已是门神定式，藏书票中两人的胡须造型刚好相反。秦琼与尉迟恭这对门神亦称鞭锏门神，秦琼的兵器是锏，尉迟恭的兵器是鞭，历史上秦琼与尉迟恭对决，有三鞭换两锏的传说，说明持锏的秦琼武功略高于持鞭的尉迟恭。这对藏书票门神上刻写的秦琼、尉迟恭名字，将两人写颠倒了。

或许，这是作者的笔误，或许，是作者有意为之。

笔者将这一猜测转达给王昆，王昆表示："这确实是有意为之，又有些超现实意味，是我的新尝试，希望引起大家对中国博大精深的文化历史的兴趣。"

◆ 秦琼书票 　　　　　◆ 尉迟恭书票

王昆2010年作 　　　　　王昆2010年作

叶枝新：想象在天空翱翔

《顾诵芬藏书》是叶枝新在2013年为"歼八之父"顾诵芬创作的一张藏书票。

顾诵芬，江苏苏州人，1930年出生，任沈阳飞机制造公司总设计师、航空工业部科技委副主任、中国科学院院士、中国工程院院士等。他因对歼八系列飞机作出重大贡献，被誉为"歼八之父"。

说到创作这张名人藏书票，叶枝新讲述了一个故事——

2013年春节前后，叶枝新收到由上海图书馆发出的《中国文化名人藏书票》图书的征稿通知，想想自己创作的文化名人藏书票极少，因此他没有在意。

没想到三月的一天，叶枝新收到来自上海图书馆中国文化名人手稿馆黄显功主任发来的电子邮件，问他是否可以为顾诵芬做一张藏书票，叶枝新当即回复请提供有关资料，他再考虑藏书票的构图和设计方案。一个月过去了，黄显功没有回复，叶枝新也忙于为一个展览作画。四月下旬的一天，黄显功突然从西安打电话给叶枝新，又讲到这件事，讲着讲着手机没电了。叶枝新给黄显功发电子邮件问他一连串的具体问题，如对藏书票的技法有没有要求，印制的数量是多少，创作时限，等等，可是黄显功没有回复。

◆ **顾诵芬藏书**

叶枝新2014年作

叶枝新开始查询有关顾诵芬的资料，考虑了几个设计方案之后，还是没有收到黄显功的回答。叶枝新打黄显功的手机一直无人接听，原来他的手机坏了。直到五月底，黄显功才打电话过来，告诉叶枝新，因为他是飞机设计师，又是藏书票艺术家，黄显功与顾诵芬一起选定由他创作这张藏书票，半个月就要交稿。

顾诵芬毕业于上海交通大学航空工程系，叶枝新就读的华东航空学院就是由上海交通大学航空工程系等三个大学的航空工程系合并而成的，顾诵芬应该说就是他的学长，尽管如此，叶枝新并不熟悉顾诵芬，他想起了建厂时由沈阳调过来的老同志，便去拜访他们。果然，叶枝新得到了不少信息，知道了顾诵芬的早年情况。而曾任公司设计所总体组组长的一位老同事说他认识顾诵芬，曾多次去北京给他汇报工作，这又使叶枝新了解到顾诵芬后期的工作情况。

本来叶枝新已考虑过几个构图，都是比较单一的主题，如想在一张藏书票中把这几个构图都表现出来，就得把它们整合起来。经过多次比较，叶枝新最后确定在一张藏书票中把顾诵芬一生的主要事迹表现出来。

叶枝新选了一张顾诵芬侧面的沉思肖像放在正中，并用阴刻的技法，表现日出之时歼八Ⅱ型飞机刚刚起飞离地的场景，以此来表现顾诵芬的主要成果；再在肖像的左面用阳刻技法刻了三种飞机，表现顾诵芬在航空工业部当了领导之后正在考虑航空工业新发展的机型，如歼20、C919和无人机等；再在画面右侧配上"顾诵芬藏书"文字，这样一来画面就完整了。

构思确定之后，叶枝新细心地画出草图，然后选了一块好的梨木板在放大镜下经过几天精心雕刻，《顾诵芬藏书》藏书票就这样诞生了。

一般情况下，叶枝新都会为藏书票印上一点颜色，此次经过比较，他感到还是黑白两色最好。印出后，叶枝新寄给了上海图书馆。几个月后，上海图书馆寄来了一本《中国文化名人藏书票·纸上落英》，书是精装本，设计印刷非常精美，书中收录了叶枝新的两张藏书票，一张是为台湾藏书票协会理事长潘元石做的，另一张就是《顾诵芬藏书》。

洪凯：读书之乐乐何如

　　《朱述贤藏书（一）》和《朱述贤藏书（二）》两张藏书票刻画的人物都是著名理学家、教育家朱熹。

　　一本打开的书上，刻写的"读书之乐乐何如"，取自朱熹的诗《四时读书乐》，全文是："读书之乐乐何如，绿满窗前草不除；读书之乐乐无穷，瑶琴一曲来薰风；读书之乐乐陶陶，起弄明月霜天高；读书之乐何处寻，数点梅花天地心。"表现了读书之乐趣。《朱述贤藏书（一）》藏书票采取凹版印刷，背景通过细密有致的线条布局与交织，烘托出人物肖像的清秀儒雅。

　　印有"朱熹"的《朱述贤藏书（二）》藏书票，以朱熹雕塑为原型，采取凹版印刷的腐蚀版和飞尘技法，以仰视的视角，表现出朱熹立体雕塑的高大形象。票面上"1130—1200"是朱熹的生卒年。

　　这两张藏书票的票主都是朱述贤。朱述贤是广州市朱子美术展览策划有限公司董事长、朱子美术馆馆长，也是一位藏书票收藏家。据媒体报道，朱述贤还是世界朱氏联合会副会长，是朱熹第26代裔孙。

◆ 朱述贤藏书（一）　　◆ 朱述贤藏书（二）

洪凯2013年作　　　　　洪凯2013年作

《揽月湖主藏书》藏书票采取凹版印刷的腐蚀版和飞
尘版，《雪野藏珍》藏书票采取丝网版，虽然版别不同，
但构图有异曲同工之处。画面空白处都写有人物的语录，
点缀与人物相关的背景，情景交融，人境相谐。

◆ 揽月湖主藏书　　　　　　　　◆ 雪野藏珍

洪凯2012年作　　　　　　　　洪凯2013年作

吴晓明：笑纹荡漾

吴晓明的这两张藏书票都创作于1996年，都是纪念藏书票，人物不同，但构图相似，风格一样，以简约粗犷的手法，传神地刻画出了两位名人的肖像。

《鲁迅先生诞辰115周年纪念》表现了一代文豪亲切的一面，自信的微笑中洋溢着乐观旷达。

《纪念内山完造先生诞辰111周年》中，嘴角漾动着的笑纹表现了人物的温厚、善良。内山完造是鲁迅文章中常常提到的人物，他是日本人，在上海办书店，是传播文化、沟通中日文化的使者。

《陶行知》藏书票在构图上十分独到，在陶行知的头顶上，是一片黑色的天空，表现了人物在未知的领域探索求知的勇气。

吴晓明的藏书票都注重人物气质的捕捉和构图的独创。

刻画中国著名电影演员、导演郑君里侧面像的藏书票，以黑色和橘黄两种颜色，描绘出郑君里如雕塑般的头像。

这张藏书票在构图上颇具匠心，人物上部和下部作了

万树桃花月满天：人物风华

◆ 鲁迅先生诞辰
　　115周年纪念

◆ 纪念内山完造先生
　　诞辰111周年

吴晓明1996年作

吴晓明1996年作

切割，头像是不完整的，正因为不完整，又如电影特写镜头一样，给人留下过目难忘的印象。三条竖排的字母和数字，打破了画面的凝重感，使画面变得丰富而灵动。其中左边的一排是郑君里的生卒年。

郑君里，1911年12月6日生于上海，原名郑重、郑千里。1928年，因热爱文艺，他不顾父亲阻挠，辍学考进了田汉和欧阳予倩等人创办的南国艺术学院。1929年冬天，郑君里和同学陈白尘等人组建了"摩登剧社"，参与了《娜拉》《钦差大臣》《大雷雨》等名剧的演出，还相继出演了《野玫瑰》《火山情血》等电影，迅速走红。1934年，他已和阮玲玉成为联华影业并肩的男、女一号，联袂主演了影片《新女性》《人生》。

1940年，郑君里导演了第一部大型纪录片《民族万岁》，他所执导的《一江春水向东流》创下民国时期最高的观影纪录。1969年4月23日，郑君里因患肝癌离世。郑君里导演的电影代表作还有《乌鸦与麻雀》《林则徐》等。

◆ 陶行知　　　　　　　　　◆ 郑君里

吴晓明1998年作　　　　　　　吴晓明作

高山：版画语言的探索

　　细细斜纹的阴刻，朦胧、迷离，表现出贝多芬创作时的神采，如同音乐，要在黑暗中感受和捕捉其美妙的旋律。

　　高山的《杨倩珍藏之书》藏书票在版画语言上有独到的探索，简洁而生动，高度概括地表现出了坚韧的、抗争的、叛逆的、孤傲的、才华横溢的贝多芬的艺术形象。棕色调的色彩显得高贵，凸凹皱纹纸质很好地表现了与命运抗争的贝多芬不平凡的一生。

◆ **杨倩珍藏之书**

高山1999年作

任树起：安得广厦千万间

任树起的砖刻藏书票画面中的杜甫仰首望天，立于凄风苦雨中的形象哀隐而沉痛，其忧国忧民的悲天悯人情怀跃然纸上。

任树起创作的藏书票《杜甫》，塑造了风雨飘摇中杜甫哀民生之多艰的忧患形象。左边篆刻文字引用杜甫诗句"安得广厦千万间，大庇天下寒士俱欢颜"，凸显了杜甫的爱民品格，点明了这张藏书票的主题。

◆ **杜甫**

任树起1999年作

顾其星：聚焦人文情怀

顾其星的藏书票作品多采用塑料版技法，多取自传统文化和怀旧题材，古代诗词、古典名著、民国风情、名人风采、山水名胜、中外名画、妙曼仕女、江南庭院等，纷纷自他的画笔和雕刀下涌出，构成了他创作藏书票纷繁复杂的题材领域，形成了他藏书票作品独具魅力的一种浓郁人文情怀。

◆ 常州市档案馆藏书 · 瞿秋白　　◆ 常州市档案馆 · 张太雷

顾其星2021年作　　　　　　　顾其星2021年作

2021年是中国共产党成立100周年，顾其星为常州市档案馆创作了"庆祝中国共产党成立100周年"系列藏书票。这组藏书票以早期党的领导人和重要人物肖像为主图，辅以与该人物有关的重大事件或场景的画面，配有该人物代表性诗文。一张小小藏书票，讲述一个人物的生平故事，如此众说纷纭的内容，在顾其星的构图中铺陈得井然有序、从容不迫，组织搭配得主次分明。画家的匠心体现在图与文、繁与简、密与疏、庞杂与留白的对立统一中，远观可见人物精神气质，近瞧可细细咀嚼品鉴。一张藏书票就是一部人物传记，顾其星举重若轻，高度概括，想必曾煞费苦心。

◆ 常州市档案馆·恽代英　　◆ 常州市档案馆·李公朴

顾其星2021年作　　　　　顾其星2021年作

　　"海上画派"指的是19世纪中叶至20世纪初期(通常指1843年—1927年)活跃于上海地区的画家群体，他们对传统中国画进行大胆改革和创新，融合外来艺术技法，形成独具风尚的绘画流派，与"岭南画派"并驾齐驱。

　　顾其星于2017年创作的《闲云斋藏书·吴昌硕》藏书票，刻画了"清末海派四杰"虚谷、任伯年、吴昌硕和蒲华，将他们置于松树、山石、花卉间，画家以准确的造型力，凸显了他们的艺术气质和精神风骨。

　　画面左上角是海上画派成熟时期的主将之一吴昌硕的肖像，吴昌硕系杭州西泠印社首任社长，他的创作集诗、书、画、印于一身，融金石书画为一炉，被誉为"石鼓篆书第一人""文人画最后的高峰"，在绘画、书法、篆刻上都是晚清旗手型人物。吴昌硕肖像旁刻印有篆书"金石乐 书画缘"六字，这是吴昌硕赠子毅先生的三言联，由此点明了这幅表现"清末海派四杰"藏书票的主题。

◆ 闲云斋藏书·吴昌硕

顾其星2021年作

　　天蟾舞台位于上海市闹市中心文化街——福州路，是以京剧演出为主的大型剧场，1925年由三元公司投资兴建，英籍建筑师艾考脱兰设计，1926年2月7日开业，时名大新舞台，几经更名，1930年改名天蟾舞台。

　　天蟾舞台是20世纪中国京剧史的缩影，中国京剧界的名演员几乎都曾在天蟾舞台演出。《天蟾舞台》藏书票表现了民国时期上海戏剧界名人在天蟾舞台表演的画面，天蟾舞台建筑三层楼上刻有12位著名京剧演员的名字：周信芳、梅兰芳、余叔岩、高庆奎、姜妙香等，这不只是表示他们都曾在此演出过，而是当时的实景广告，顾其星按照老照片严谨再现了当时天蟾舞台的真实情景，可见当时名角云集，京剧演员"不进天蟾不成名"的盛况。

　　画面上，顾其星精心刻画了4位一代名伶的肖像，他们是"伶界大王梅兰芳""麒麟童周信芳""活武松盖叫天""金霸王金少山"，造型取自他们代表性扮相或脸谱，从最佳角度表现了他们的典型形象。透过一张小小藏书票，展现了中国京剧界群星璀璨的辉煌时代。

◆ 天蟾舞台

顾其星2017年作

　　《天涯歌女》是1937年上海国泰影片公司拍摄的《马路天使》中的插曲，词作者田汉，谱曲贺绿汀，由周璇演唱。

　　《天涯歌女》藏书票表现的主角正是周璇，周璇肖像下刻有介绍文字"中国当时最耀眼的歌影明星、金嗓子周璇"。周璇肖像下还刻写有周璇演唱的代表作《四季歌》（田汉词）歌词："春季到来绿满窗，大姑娘窗下绣鸳鸯，忽然一阵无情棒，打得鸳鸯各一方。"

　　藏书票图下方表现的是民国时期周璇演唱的场所上海大世界建筑，及"周璇歌唱会"广告。画面上刻画了三个人物肖像，左上是扮演《天涯歌女》角色小云的女演员赵慧深，左下是扮演小红的周璇。

　　藏书票左上角刻写有《天涯歌女》歌词："天涯呀海角，觅呀觅知音，小妹妹唱歌郎奏琴，郎呀咱们俩是一条心，嗳呀嗳呀……"周璇在电影《马路天使》中亦唱亦演，此片是她成为电影明星的成名作，奠定了她在中国电影史上的地位。而她演唱的这首江南民歌曲调的《天涯歌女》，也成了世界名曲。藏书票整幅画面采用怀旧的淡咖色，唯有右边主图歌手周璇肖像采用白色，突出了周璇高光时刻冰清玉洁、清雅出尘的艺术气质，表现了画家顾其星对一代歌后的敬仰之情。

◆ 天涯歌女

顾其星2017年作

　　"旧时明月"出自纳兰性德的《琵琶仙·中秋》：
"碧海年年，试问取、冰轮为谁圆缺……只影而今，那
堪重对，旧时明月。""旧时明月"也是诸多歌曲、诗
文、小说、著作的题名。藏书票《旧时明月》表现的是
中国流行歌曲创始人黎锦晖领导的"明月歌剧社"演出
和广告画面。

　　明月歌剧社会集了当时一批才华横溢的音乐人，有歌
星周璇、王人美、黎莉莉、白虹等，还有聂耳、黎锦晖、
黎锦光等音乐家。藏书票画面主图是黎锦晖肖像，画家重
点刻画了明月歌剧社的两个演出画面，还有周璇等3位歌
手的肖像，及录制王人美《渔光曲》的百代唱片公司的广
告等。一张藏书票，集纳了明月歌剧社的重要人物，妥帖
安排实在不易，顾其星匠心独运，编排有序。

◆ **旧时明月**

顾其星2017年作

陈雅丹：童心可掬

《宝林爱书》是陈雅丹为她的先生李宝林创作的一张藏书票。寥寥数笔，单纯的三原色，粗放而雅致的线条，饱含深情，勾勒出著名画家童心可掬的可爱形象。

李宝林，时任中国国家画院国画院副院长、第1—3届中国美术家协会中国画艺委会副主任、中国画学会副会长、中国美术家协会河山画会会长、中国城市艺术专业委员会主席等。

◆ **宝林爱书**

陈雅丹作

张文荣：崇尚英雄

名人藏书票是张文荣除了创作儿童藏书票之外的另一重要题材，经过20多年不懈努力，张文荣完成了百位名人藏书票的创作和雕刻工作。100张精致的名人藏书票整整装了一个手提箱，里面有古代诗人杜甫、当代科学家侯德榜、音乐家聂耳、艺术家徐悲鸿等读者耳熟能详的名人。

张文荣创作的每一张名人藏书票或表现人物性格，或描绘人物生活的环境，都表现出人物的特色。

在以鲁迅先生为题的藏书票上，我们能看到鲁迅先生"倔强"的头发、浓密的眉毛，在鲁迅先生的头像下面，还刻有鲁迅作品《社戏》里江南水乡的写意画。在老舍先生的头像下面，则刻着一座具有浓厚北京味道的民宅；白求恩头像下，是白求恩在做手术的经典照片画面；赵一曼头像下，是一束淡雅的鲜花；雷锋头像下，是毛泽东的题词"向雷锋同志学习"。

◆ 鲁迅   ◆ 老舍

张文荣2005年作   张文荣2005年作

◆ 白求恩　　　　　　　　　　◆ 赵一曼

张文荣2005年作　　　　　　　张文荣2005年作

◆ 雷锋　　　　　　　　◆ 奇丐武训

张文荣2005年作　　　　　张文荣2005年作

◆ 杨开慧　　　　　　　　◆ 聂耳

张文荣2003年作　　　　　　张文荣2004年作

◆ **徐悲鸿**　　　　　　　　　　◆ **张作良**

张文荣2004年作　　　　　　　　　张文荣2000年作

张文荣创作名人藏书票的经验是："创作藏书票前首先应查一些资料，比如创作《奇丐武训》时，我跑到滨海新区图书馆查询。"张文荣查到并复印了《奇人武训》《奇丐武训先生的生平》等一些文史札记，回到家后依据这些资料进行构思，组织画面，创作出一个人物性格呼之欲出、栩栩如生的武训形象。

张文荣创作的鲁迅木刻作品，没有在面目上精雕细刻，而是着力于身姿气质的捕捉，还有环境氛围的营造。

张文荣善于使用均匀点的刀法，漫天的垂柳不是用线条表现，而是用点来组织。湖水采用细如游丝的断线表现，生动细腻。整个画面表现了鲁迅在黑暗的社会里苦苦觅求光明的彷徨和执着。

◆ 文荣藏书（一）　　　　◆ 文荣藏书（二）

张文荣1997年作　　　　张文荣2000年作

张文荣创作藏书票注重从生活中提取素材，在形式上力求民族风格，突出爱国主义思想。一次，张文荣到山东蓬莱疗养。那天，他到明代著名将领戚继光点将台写生，回来即创作出藏书票《戚继光》，并刻上戚继光的名句"封侯非我意，但愿海波平"。这张藏书票在北京参展时，印制千张，全部被参观者收藏。

◆ **戚继光**

张文荣2002年作

　　说到这些名人藏书票，几乎每张都有故事。如爱国实业家范旭东、制碱专家侯德榜，创作这组名人藏书票是因为天津碱厂招待一批外国来宾，厂长对这次外事活动非常重视，为突出企业文化和特色，厂长专门给张文荣写信，对他的藏书票技艺和给企业形象带来的影响给予高度评价。

　　张文荣接连几天没合眼，日夜兼程，赶制了一组以天津碱厂创始人范旭东、李烛尘和制碱专家侯德榜为主题的藏书票。在接待中，张文荣将这组精美的藏书票赠送给外宾，介绍中国文化和天津历史知识。外国友人捧着张文荣精心制作的人物肖像藏书票赞叹不已，折服于张文荣塑造人物神情的超群技艺。

　　张文荣的藏书票已成为天津碱厂的一张名片，厂长赖振国十分珍视，这从2012年9月12日赖振国写的一封信可以看出。信的全文如下：

　　"尊敬的文荣师傅：这本画册（《杨家埠年画》原作）是一位朋友在2010年送我的，现将此画册敬赠予您，可能对您的创作有所帮助。十分感谢您多年来对我工作的帮助、支持，您创作的藏书票伴随着'红三角'纯碱走向世界并得到了国内外朋友的高度赞赏，成为企业文化的标志。衷心祝福您身体健康，创作出更多更好的作品！"

◆ 爱国实业家范旭东　　　　　◆ 制碱专家侯德榜

张文荣1999年作　　　　　　　张文荣1999年作

　　这是张文荣于2005年和2006年创作的一组革命烈士系列藏书票，他们是李大钊、瞿秋白、夏明翰、朱务平等。

　　这组藏书票三色印制，设计风格统一，烈士肖像以木刻墨线印制，置于画面上部正中，肖像左边是烈士名字，右边是藏书票拉丁文字母，下面是带党徽的画面，或烈士诗句。画面顶端印"革命烈士"四字，底部印烈士生卒年。每张藏书票都好似一张古籍书页，简朴中透出雅致的书卷气，端庄而凝重，十分切合革命烈士这一主题。

　　创作烈士藏书票，需要查找烈士照片，了解烈士的生平事迹，这花费了张文荣大量的心血。创作朱务平的藏书票时，张文荣查遍了天津市的图书馆都没有找到朱务平的照片，后来从朋友那儿打听到南京雨花台有他的照片，便想方设法托人带回来一张。

　　张文荣通过藏书票形式，表达了他对革命烈士的敬仰，他很看重这套藏书票的教育意义和纪念意义。

◆ 革命烈士·李大钊　　　◆ 革命烈士·瞿秋白

张文荣2005年作　　　张文荣2006年作

◆ 革命烈士·夏明翰

张文荣2005年作

◆ 革命烈士·朱务平

张文荣2006年作

瞿安钧：象征派诗人之王

　　这是瞿安钧在1996年为法国诗人保尔·魏尔伦（Paul Verlaine，1844—1896）创作的两张藏书票，保尔·魏尔伦被誉为法国象征派诗歌的"诗人之王"，与马拉美、兰波并称象征派诗人的"三驾马车"。魏尔伦诗作的特点是通俗易懂、清新自然、流畅舒缓、明朗轻快、朗朗上口，因此受到广大读者的喜爱。代表作有《无言的浪漫曲》《忧郁诗章》《我心中在哭泣……》等。

　　瞿安钧以写实的手法，刻画了保尔·魏尔伦创作时的神采。

◆ 保尔·魏尔伦（一）

◆ 保尔·魏尔伦（二）

瞿安钧1996年作

瞿安钧1996年作

段光忠：表现历史纵深感

　　段光忠为"纪念'五四'运动八十周年"而创作了藏书票，胡适是白话文的倡导者，藏书票以他倡导的"活的文学，真的文学，人的文学"浅淡文字为底，胡适肖像居中，使人物形象有了历史的纵深感。

◆ 纪念"五四"运动八十周年·北大书库

段光忠1999年作

刘硕海：别具民国风

　　陈独秀是《新青年》的创办者和主编，刘硕海将陈独秀肖像置于中间，左边是"青年杂志"四个宋体字，右边是"北大书库"四个宋体字，如果是书刊封面，这张藏书票也是一张绝佳的封面设计。刘硕海创作的这张丝网版藏书票独具匠心，从构图到色彩，都别具民国风。

◆ **青年杂志·北大书库**

刘硕海1999年作

吴家华：五四先驱群像

《纪念"五四"运动八十周年》是一张五四运动先驱群像藏书票，上排左起为：李大钊、陈独秀，下排左起为：鲁迅、蔡元培、胡适。吴家华通过浪花烘托的肖像，刻画了时代浪潮推涌出的一代英华的风采。

◆ 纪念"五四"运动八十周年

吴家华1999年作

郑爽：学术自由兼容并包

郑爽采取丝网版技法勾勒蔡元培肖像，画面简括，墨色肖像居中，灰色淡雅文字均衡对应，很好地烘托出蔡元培端正谨严的学者和教育家气质。

◆ 蔡元培

郑爽作

颜国强：塑造先生的坚毅

　　颜国强在艺术创作上主张学古不泥，学外不媚，不断求索，独创新风。颜国强在鲁迅逝世60周年创作的自用藏书票，表现了鲁迅"横眉冷对千夫指"的坚毅和刚强，鲁迅之子周海婴看到后给予肯定，并写信求取原作："上月到了上海看到藏书票展图录，里面有各位艺术家以父亲为主题的作品。但从我们家属角度，感到你创作的那张符合父亲生平的性格和态度……"这是对颜国强创作的鲁迅像藏书票的高度认可和赞赏。

◆ 国强书斋　　　　　　　◆ 文超书票

颜国强1996年作　　　　　　颜国强1996年作

钱墨君：庄重肃穆民族魂

　　2006年8月，钱墨君为"纪念鲁迅逝世七十周年"，创作了《墨君藏书》《墨君珍藏》藏书票。这两张藏书票采取木刻和打刻印版技法，三色套印。黑色为鲁迅肖像，庄重肃穆；绿字为"纪念鲁迅逝世七十周年"，松树、枝干和松针烘托了鲁迅精神苍劲长青；红色为三方印，一方为概括鲁迅精神的阴刻"民族魂"三字，一方为藏书票制作年号"丙戌"，一方分别为"书香"和"求索"。色彩布局错落有致，单纯而和谐。

◆ **墨君藏书**　　　　　　　　　◆ **墨君珍藏**

钱墨君2006年作　　　　　　　　钱墨君2006年作

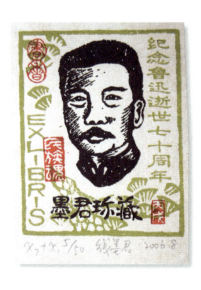

施怀谷：凸显精神气质

  施怀谷创作的这张藏书票表现的是五四时期的风云人物——蔡元培。蔡元培任北京大学校长时提出"学术自由""兼容并包"的学术思想，吸引了一批提倡新文化、宣扬新思想的代表人物进入北大，北大因此成为中国思想活跃、学术兴盛的最高学府，成为新文化运动的发源地。蔡元培不仅是现代北大的缔造者，也是中国现代大学理念和精神的缔造者。施怀谷的这张藏书票，凸显了蔡元培的精神气质。

◆ **北大藏书**

施怀谷1999年作

刘硕仁：浓郁的邮味

　　刘硕仁的藏书票特点是富有邮味，每张肖像都印在邮票纸上，且画幅边缘打孔带齿，犹如一张小型张邮票。

◆ **孙中山**　　　　　　◆ **周广仁藏书**

刘硕仁2000年作　　　　刘硕仁1997年作

龙开朗：单色表现丰富内涵

　　龙开朗创作的《凿壁借光》《锥刺股》两张藏书票，以竖排古籍书的形式，表现了古代最感人的两个勤奋读书的名人故事。

　　龙开朗刻画的鲁迅、力群、沈鹏肖像，均采用黑白木刻，在最简单的单色中，表现出人物丰富的精神内涵。

◆ 凿壁借光　　　　　　　　　　　◆ 锥刺股

龙开朗1998年作　　　　　　　　　龙开朗1998年作

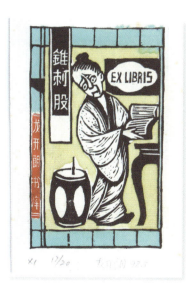

◆ **纪念鲁迅逝世六十周年** ◆ **力群藏书**

龙开朗1995年作　　　　　　　　　　龙开朗2001年作

◆ **沈鹏藏书**

龙开朗2001年作

陈行：才女的春夏秋冬

　　四张表现现代文学家冰心的肖像藏书票，以木刻版画的形式，撷取冰心四个不同时期的生活片段，生动传神，方寸之间意味无穷。陈行曾在冰心文学馆工作，对冰心怀有深厚感情，他设计创作的"永远的冰心"系列藏书票入选2002年"纪念'5·23'讲话全国美术作品展览"。

◆ **永远的冰心（青年时期）** ◆ **永远的冰心（中年时期）**

陈行2003年作　　　　　　　陈行2003年作

◆ 永远的冰心（晚年时期）

陈行2003年作

◆ 永远的冰心（老年时期）

陈行2003年作

朱荫能：东西方的戏剧性

朱荫能创作的两张名人藏书票，一张色彩鲜艳悦目，一张色彩简单淡雅，一张是为上海京剧院一级演员、梅兰芳金奖获得者方小亚作，一张是世界文豪莎士比亚肖像，这样的色彩处理十分切合人物身份。

◆ **方小亚藏书**　　　　◆ **莎士比亚诞辰纪念**

朱荫能作　　　　　　　　朱荫能1998年作

邵天华：书画合一的金石味

"三人行必有我师""温故而知新""大音稀声，大象无形，道隐无名"。邵天华的《孔子》和《老子》等古代名人藏书票，刻画出了古代思想家孔子和老子的精神境界。他的名人藏书票系列均采用石刻技法，金石味十足，画面饱满，书画合一，古朴生动。

邵天华创作的八仙人物藏书票，采用石刻版技法。人物不求形似，但求传神，寥寥数刀，就将人物特色及概貌呈现出来，有汉画像石风格。刀法健劲，雄浑朴拙，富有金石味。

◆ **老子骑牛** ◆ **老子**

邵天华2003年作 邵天华1997年作

◆ 孔子　　　　　　　　　　◆ 诸葛亮

邵天华作　　　　　　　　　邵天华2004年作

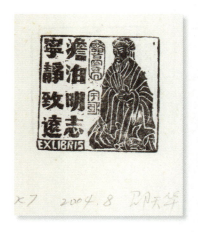

◆ 张仲景

邵天华2004年作

周志清：木刻精细刀法犀利

《梅妻鹤子》《苏武牧羊》《塞翁失马》3张藏书票作品采用木刻完成。其中两张的主角是中国历史上的名人：《梅妻鹤子》中的林逋，《苏武牧羊》中的苏武。而一个无名的"善术者"，则因"塞翁失马"而名扬天下。这三张藏书票刀法犀利，线条粗细皆宜，表现了周志清娴熟的木刻技法。

◆ 梅妻鹤子

周志清1999年作

◆ 苏武牧羊

周志清1999年作

◆ 塞翁失马

周志清1999年作

　　红色背景中的众人，衬托哈耶克肖像，自由正是哈耶克永恒的理想。

　　弗里德里奇·哈耶克（1899—1992），奥地利裔英国经济学家，新自由主义的代表人物，1974年获诺贝尔经济学奖，代表作为《通往奴役之路》。

　　高高的鼻梁，鹰隼般锐利的眼睛，紧抿的细细的嘴唇，将老年孟德斯鸠西画标准像进行了艺术提炼和升华，简括的砖雕形象比西画更清晰地传达出人物的精神气质。

　　查理·路易·孟德斯鸠（1689年—1755年）是法国启蒙运动时期的思想家、律师、波尔多议会议长、西方国家学说以及法学理论的奠基人，与伏尔泰、卢梭并称"法兰西启蒙运动三剑侠"。

◆ 哈耶克 　　　　　　　　　◆ 孟德斯鸠

周志清2021年作 　　　　　　周志清2021年作

谈到创作外国名人系列藏书票，周志清对笔者说："我对这些外国思想家、经济学家、作家的思想都很感兴趣，我当过教师，他们的著作我都读过，印象深刻，创作藏书票时自然就想到了他们。"

乔治·奥威尔（1903年—1950年），英国著名小说家、记者和社会评论家。代表作《动物庄园》《一九八四》，都是反极权主义的经典名著。奥威尔的生命虽然短暂，但因犀利的文笔、批判的思维和超越时代的预言，被后人誉为"一代人的冷峻良知"。

画面以三重人物形象，表现了奥威尔和他的作品。

人们通常认为，中国相声有三大发源地：北京天桥、天津劝业场和南京夫子庙。还有人认为中国相声是"北京生，天津长"，马三立曾说："相声是北京发源，天津发祥。"藏书票刻写："中国哏儿都天津是相声的发源地……"开宗明义，说明天津对中国相声的重要意义。土生土长的天津人周志清创作了这套"天泽书店书票"。

侯宝林(1917年—1993年)，著名相声演员，曾为毛泽东、朱德等领导人表演相声，毛泽东亲自提名他为第四届全国人民代表大会代表。

侯宝林的搭档有郭启儒、刘宝瑞、郭全宝等，其中他

◆ **奥威尔**　　　　　◆ **天泽书店书票·**
　　　　　　　　　　　　侯宝林和郭启儒

周志清2021年作　　　　　　周志清2021年作

和郭启儒合作长达20多年，合演对口相声，二人捧逗默契，相得益彰。藏书票左边的人物为侯宝林。

郭德纲，出生于1973年1月18日，著名相声演员，1996年创办北京德云社。

马三立被誉为"平民艺术家"，是天津人幽默的化身，他擅演文哏和贯口，塑造了"马大哈""马善人""张二伯"等许多天津气息浓郁的平民人物。

藏书票上左为马三立，灰色背景色刻写文字："中国哏儿都天津是相声的发源地，相声大师马三立先生就是天津人，是哏儿都的标志人物。"

藏书票右下都刻有一块黄色长方形，阴刻票主名"天泽书店书票"，天泽书店是天津一家文化艺术书店，以经营藏书票闻名，并策划、编辑、发行外国藏书票相关图书。

周志清的砖刻藏书票不求形似，而追求神似，寥寥数笔就能勾勒出人物的典型特征。

◆ 天泽书店书票·
郭德纲和于谦

◆ 天泽书店书票·
马三立

周志清2021年作

周志清2021年作

2021年，周志清创作了一组取材于汉代司马迁文字的藏书票，这就是《报任安书》中所写的："古者富贵而名摩灭，不可胜记，唯倜傥非常之人称焉。盖文王拘而演《周易》；仲尼厄而作《春秋》；屈原放逐，乃赋《离骚》；左丘失明，厥有《国语》；孙子膑脚，《兵法》修列；不韦迁蜀，世传《吕览》；韩非囚秦，《说难》《孤愤》；《诗》三百篇，大底圣贤发愤之所为作也。此人皆意有所郁结，不得通其道，故述往事、思来者。乃如左丘无目，孙子断足，终不可用，退而论书策，以舒其愤，思垂空文以自见。"

笔者收藏的这组藏书票共有5张，分别是：文王拘而演《周易》、仲尼厄而作《春秋》、屈原放逐乃赋《离骚》、左丘失明厥有《国语》、孙子膑脚《兵法》修列。

这5张藏书票刻画了5位中国历史名人的典型形象，背景为其著述名称的篆文。线条古拙，色调鲜明，凝结沉郁悲愤之气。

◆ **文王拘而演《周易》**　　　◆ **仲尼厄而作《春秋》**

周志清2021年作　　　　　　　　周志清2021年作

◆ **屈原放逐乃赋《离骚》**　　◆ **左丘失明厥有《国语》**

周志清2021年作　　　　　　　　周志清2021年作

◆ 孙子膑脚《兵法》修列

周志清2021年作

董旭：女英雄 男清官

董旭创作的"木兰书票"系列色调古雅，朴中有艳，画面繁复壮阔。

◆ 董旭藏书（一）　　　　　◆ 董旭藏书（二）

董旭2000年作　　　　　　　董旭2000年作

　　董旭创作的表现戏剧人物包公的《下陈州》藏书票——《戏剧包公〈下陈州〉·民怨》和《戏剧包公〈下陈州〉·除恶》，刀法遒劲，构图严谨，风格粗犷，充满正义必然战胜邪恶的阳刚之气。以黑白木刻表现黑面包公的形象，显得庄严、正义。

　　包公下陈州放粮，救了数万生灵，陈州人在放粮处建了"包公祠"，以纪念这位不畏权贵、清正廉明的"包青天"。

◆ 戏剧包公
《下陈州》·民怨

◆ 戏剧包公
《下陈州》·除恶

董旭2000年作

董旭2000年作

舒惠芳：古籍中走出的名人

这组藏书票中的历史名人在古籍中多有表现，取材于明《范睢绨袍记》《薛平辽金貂记》《司马相如琴心记》《韦皋玉环记》中的人物故事。

◆ 范雎借宿遇故人　　◆ 仁贵同妻子玩赏春光

舒惠芳2012年作　　　　　　　舒惠芳2012年作

◆ 文君当垆卖酒

舒惠芳2012年作

◆ 韦皋克孝同打猎

舒惠芳2012年作

沈泓：再现金陵木版画

　　藏书票中的名人在明代金陵版画中多有表现，沈泓收集整理这些古代木刻版画珍品，吸收借鉴原图样进行设计，组织刻版，手印这组古代名人故事藏书票。

◆ 许远会聚助张巡   ◆ 旨命岳飞征讨

沈泓2012年作   沈泓2012年作

◆ 相如别友往都亭   ◆ 达摩折芦渡江

沈泓2012年作   沈泓2012年作

 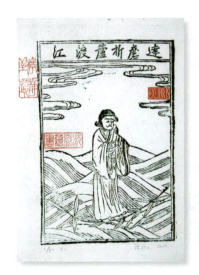

◆ 韩文公风雪遇大虎　　　　　　◆ 汉卿嘱子投水

沈泓2012年作　　　　　　　　　　沈泓2012年作

陶正：忆风华正茂

陶正的《金焰》刻画了中国现代电影史上的顶级明星，正面表现了人物瞬间的典型形象。

◆ 金焰

陶正1999年作

张丰泉：亲切和蔼的形象

　　张丰泉的《陈宏珍藏》简洁、洗练、精确，高度概括地表现出列宁亲切和蔼的形象。

◆ 陈宏珍藏

张丰泉作

左焕章：珍贵的影像

　　左焕章采取电脑藏书票新技术，制作了一组电脑藏书票。这两张藏书票一张是他和国际藏书票联盟主席合影的画面，一张表现了第26届国际藏书票大会中国藏书票代表团全体成员，这件作品也为中国藏书票初步走出国门留下了珍贵的影像纪念。

　　藏书票的设计采取邮票小型张的形式，打邮票齿孔为边框，同时加盖红色"邮戳"——"焕章藏书"，使藏书票就像一张纪念小型张和小全张，增添了邮味，别出心裁，更加富有纪念意义。

◆ 左焕章和国际藏书票 ◆ 第26届国际藏书票大会
联盟主席　中国藏书票代表团全体成员

左焕章2000年作　　　　　　　　左焕章2000年作

赵奎礼：革命时代的偶像

保尔·柯察金是苏联名著《钢铁是怎样炼成的》的
主角，也是那个革命时代的英雄偶像。赵奎礼采取纸版
藏书票的形式，通过黑白灰渐变三色，刻画出这位风雪
中的英雄。

◆ 保尔·柯察金

赵奎礼2001年作

曾宪国：面向光明

　　很多藏书票艺术家都创作过巴金肖像，曾宪国的这幅木刻作品创作于1983年。文艺的春天已来，作者刻画出文艺春潮涌动的时代，巴金面向光明的脸庞。脸上舒展的笑容，绽放出老作家仿佛第二次青春降临的欣喜，富有鲜明的时代气息。

◆ 巴金

巴金先生像（木刻）
陈宏生之子.　曾宪国作于1983年

孙光深：神采奕奕的学者

李允经是现代文学研究专家、鲁迅研究专家，也是中国第一部讲述藏书票历史的著作《中国藏书票艺术史》的作者，是权威的藏书票研究和评论专家。很多藏书票艺术家都为他创作过藏书票，孙光深的《允经藏书》是其中之一。作者以挥洒自如的笔触，采取正面肖像形式，刻画出一位神采奕奕的学者的形象。

◆ **允经藏书**

孙光深2005年作

丁金胜：抓住特色个性

　　这4张名人藏书票是丁金胜于2016年创作的，票主都是上海人。龚伯康，滑稽戏演员，曾任上海滑稽剧团康乐演出队队长；林友声，上海歌剧院一级指挥，2000年荣获波兰列布尼克第九届国际管乐节最佳指挥奖；蔡正仁，著名昆曲表演艺术家，国家一级演员，上海昆剧团团长，第一批国家级非物质文化遗产项目昆曲代表性传承人；马尚龙，中国作家协会会员，著有《女人的缺点》《上海女人》等多部作品。

　　丁金胜善于抓住每一个人物的特点，将人物置于身份、专业、才艺的背景中进行刻画，表现人物的个性特色。

　　《龚伯康》未设背景，只取人物脸部和手的特写，生动表现了非遗上海说唱代表性传承人龚伯康的表演神态。观画仿佛能听到他刚柔融合、中气足、气息长、吐字清的贯口、绕口、快口快唱技艺。

　　《林友声》的画面下部三分之一是五线谱，描绘林友声站在五线谱上，面对波兰列布尼克城市建筑躬身指挥，正是在这里，林友声获得第九届国际管乐节最佳指挥奖，人物形态夸张而传神。

◆ 龚伯康　　　　　　　　　　　　◆ 林友声

丁金胜2016年作　　　　　　　　　　丁金胜2016年作

《蔡正仁》以戏剧脸谱呈现，昆曲表演艺术家的身份一目了然。

《马尚龙》的背景是摆满两排图书的书架，马尚龙手持一支笔，表明了他的作家身份。

这组名人藏书票全部采用水印木刻技法，刀味、木味和印味浓郁，尤其是天然木纹的底纹逼真营造，形成了丁金胜藏书票的鲜明特色。

◆ **蔡正仁**　　　　　　　　　　　◆ **马尚龙**

丁金胜2016年作　　　　　　　　　丁金胜2016年作

图书在版编目（CIP）数据

万树桃花月满天：人物风华 / 沈泓著 . — 天津：
天津教育出版社，2024.6
（书中蝴蝶：中国当代藏书票）
ISBN 978-7-5309-9036-0

Ⅰ . ①万… Ⅱ . ①沈… Ⅲ . ①藏书票 – 中国 – 图集
Ⅳ . ① G262.2-64

中国国家版本馆 CIP 数据核字 (2024) 第 090975 号

书中蝴蝶：中国当代藏书票
万树桃花月满天：人物风华
SHUZHONG HUDIE ZHONGGUO DANGDAI CANGSHUPIAO
WANSHU TAOHUA YUEMANTIAN RENWU FENGHUA

出版人	黄 沛 丁 鹏

作　　者	沈　泓
选题策划	王轶冰
特约策划	丁　鹏
项目执行	常　浩
装帧设计	杨　晋
责任编辑	常　浩　张　清

出版发行	天津出版传媒集团　　　　　金城出版社有限公司
	天津教育出版社
地　　址	天津市和平区西康路 35 号　北京市朝阳区利泽东二路 3 号
邮政编码	300051　　　　　　　　　　100102
经　　销	新华书店
印　　刷	鑫艺佳利（天津）印刷有限公司
版　　次	2024 年 6 月第 1 版
印　　次	2024 年 6 月第 1 次印刷
规　　格	787 毫米 ×1092 毫米　1/32 开
字　　数	140 千字
印　　张	9.5
定　　价	88.00 元